Horst Joachimi

Resident der HV A in New York *oder* Begegnungen mit der Wahrheit

Erinnerungen

verlag am park

ISBN 978-3-89793-228-9

Neue Grünstraße 17, D-10179 Berlin

Fotos: Archiv Horst Joachimi
Titelfoto: UNO-Gebäude in New York aus der Vogelperspektive

Ein Verlagsverzeichnis schicken wir Ihnen gern:
Das Neue Berlin Verlagsgesellschaft mbH
Neue Grünstr. 18, 10179 Berlin
Tel. 01805/30 99 99
(0,14 Euro/min. aus dem deutschen Festnetz,

Die Bücher des verlags am park und der edition ost Ltd.
werden von der Eulenspiegel Verlagsgruppe vertrieben
14.90 Euro

www.verlag-am-park.de

Das Buch

Er war Diplomat. Offiziell. Aber eigentlich war er Aufklärer, Mitarbeiter der HV A im MfS. In New York arbeitete er bei der UNO. In der Hierarchie der dortigen DDR-Vertretung war er der 1. Sekretär – für die Aufklärung war er der Resident in den USA in den 70er Jahren. Der gelernte Dreher und Stahlwerker beschreibt in seinen Erinnerungen seinen Werdegang und schließlich seine Tätigkeit in den Vereinigten Staaten und bei der UNO. Er leistete seinen Teil in der weltweiten Auseinandersetzung der beiden politischen Weltsysteme, sein Schützengraben im Kalten Krieg war das diplomatische Parkett. Joachimi bekam es mit CIA und FBI zu tun und spürte bald: Er kämpft auf verlorenem Posten. Die Weichen in Moskau wurden anders gestellt als erhofft und vermutet.
Joachimi zieht eine kritische Lebensbilanz, ohne seine Arbeit grundsätzlich infrage zu stellen.

Der Autor

Horst Joachimi, Jahrgang 1929, aufgewachsen in Nordhausen. Nach Besuch der Volksschule Dreherlehre, ab Dezember 1946 Jugendsekretär der SED-Kreisleitung Nordhausen, danach Landesleitung Thüringen. Von Mai 1953 bis Mitte 1954 »Bewährung in der Produktion« im Stahlwerk Silbitz. Danach verschiedene Funktionen im FDJ-, dann im SED-Apparat.
Von 1963 bis 1966 Studium an der Parteihochschule in Moskau und Verpflichtung bei der Hauptverwaltung Aufklärung (HV A) des MfS, Tätigkeit in der Abt. USA – von 1966 bis 1973 auf der illegalen Linie. 1974 Referatsleiter für die legalen Residenturen. Ab 1977 Resident der legal abgedeckten Residentur in New York, 1981 aus den USA zurückgezogen, danach, bis Sommer 1989 wieder Referatsleiter.
Horst Joachimi, seit 1989 Rentner, lebte in Westfalen, dann in Hessen, jetzt wieder in Berlin.

Inhalt

Also habe ich gedacht, wir brauchen ein Schlussgesetz.
Das hätte man machen können aus Anlass des 5. Jahrestages
der deutschen Einheit 1995.
Ich habe mit dem damaligen Bundespräsidenten gesprochen,
Herrn von Weizsäcker, der war dafür;
dann hab ich mit Herrn Genscher gesprochen,
der war dafür; dann hab ich mit Herrn Scharping gesprochen, der war dafür; dann hab ich mit Herrn Schäuble gesprochen, der war dafür.
Parteiübergreifend waren alle dafür.
Und parteiübergreifend waren alle zu feige.
Warum ?
Weil sie vor der Bürgerbewegung oder ihren Resten in die Knie gegangen sind, die im Grunde Vergeltung wollte, eingehüllt in die Toga der Gerechtigkeit.

Egon Bahr

Vorbemerkung

Eines Tages, unmittelbar nach der »Wende«, bekam ich einen Brief. Ob wir alles gut überlebt hätten, wurde gefragt. Ich solle aufpassen, dass unser gelebtes antifaschistisches Leben, unsere bemerkenswerte Geschichte, nicht tollwütig wegen der gemachten Fehler zertrampelt werde. Ich habe, so hieß es weiter, doch alles mitgemacht, die Höhen und Tiefen durcheilt und daher das Mandat, auf die Verbreitung der Wahrheit zu achten. Da käme es nicht darauf an, ob man ganz oben, in der Mitte oder weiter unten gearbeitet habe.

1989/90 waren unsere Ideale zusammengebrochen. Unsere, das heißt auch meine Zukunft war unsicher geworden. Ein zwiespältiges Gefühl stieg beim Lesen in mir auf. Mein sowjetischer Freund schrieb diese schönen Worte als Anerkennung meines geführten Lebens, als sein Partei- und Staatschef Gorbatschow den Schutzschirm, den die Sowjetunion über uns aufgespannt hatte, weil wir allein den konterrevolutionären Kräften Westeuropas nicht trotzen konnten, schon zusammengefaltet hatte. Ich ahnte damals, dass es ein Abschiedsbrief sein sollte, ein Nachruf, denn der Verrat Gorbatschows ließ uns keine Chance mehr.

Das sich Hitlers Kinder an Hitlers Opfer rächen werden, war nur noch eine Frage der Zeit. Zunächst begann es vergleichsweise harmlos. Es dauerte aber nicht lange, da erhielt ich die erste Vorladung vom Bundeskriminalamt, Dependance LKA Berlin. Mir wurde eröffnet, dass gegen mich ein Ermittlungsverfahren wegen Spionage gegen die Bundesrepublik Deutschland eingeleitet worden sei.

Kurioserweise hatte das Berliner Kammergericht verfügt, dass die von der DDR von mir verlangte Schweigepflicht ohne Einschränkung fortbestünde. Offenkundig witterte man Gefahr für westdeutsche Prominenz, da unterstellt wurde, ich und meinesgleichen wüssten mehr über Politiker und andere hochrangige Persönlichkeiten, als in der Zeitung stand. Von »Rosewood« – jener von der CIA gestohlenen Datei – wusste man damals noch nichts. Die Fragen, die die Beamten mir stellten, konnte ich folglich nicht beantworten. Aber so wichtig schien das meinen Vernehmern auch nicht zu sein, denn ihr eigentliches Ziel bestand darin, mich für eine Zusammenarbeit zu gewinnen. Ich sollte quasi abgeworben werden. Immerhin war ich fünf Jahre in den USA tätig gewesen.

Meine klare Absage wurde stillschweigend zur Kenntnis genommen. Ich hätte mich durchaus entschlossen, so erklärte ich im weiteren, über mein Leben im Geheimdienst zu berichten. Allerdings nicht gegenüber dem BKA, sondern gegenüber der Öffentlichkeit.

Korrekt und höflich, wie die beiden Herren während des gesamten Gespräches waren, erwiderten sie, dass sie das gern lesen würden. Meine Frage, was das Ganze soll, welche Moral vorherrscht, wenn man von jemand eine Zusammenarbeit erwartet, den man mit einem Strafverfahren droht und mit Strafrente belegt, wurde fast verschämt damit beantwortet, dass sie dafür nicht verantwortlich seien, sondern die große Politik und vor allem die »DDR-Bürgerrechtler«.

Das Ermittlungsverfahren wurde bald eingestellt. Ich gestehe jedoch, dass der Vorgang mich betroffen machte. Der Umgang mit einer subjektiven Wahrheit und meinen Geheimnissen wurde dadurch nicht leichter. Belastete ich mich damit nicht selbst? Würde ich mich zu zensieren beginnen? Wie stark würde ich mich dem Bedürfnis widersetzen können, meine Sicht der Sicht einer vermeintlichen Mehrheit anzupassen? Die opportunistische Neigung, lieber mit als gegen den Strom zu schwimmen, wohnt in jedem Menschen. Aber kann man in Umbruchszeiten von Mehrheiten und Minderheiten sprechen? Geht es da nicht vor allem um die Rache jener, die glauben zu kurz gekommen zu sein? Der später zum Ehrenbürger Berlins ernannte Biermann schrieb im *Spiegel*: »Nicht Lili Marleen *An der Laterne*, sondern Egon Krenz *an die Laterne*. Dies ist ein bescheidener Vorschlag zum Selbstmord und ein behutsam ausgesprochenes Lob der Lynchjustiz.«

Und einige Zeilen weiter » Es würden Wohnungen frei für Asylanten, die Gesellschaft würde Milliarden an Pensionen und Renten sparen.«

Wenn das schon ein gekrönter Bürgerrechtler sagt, ist das dann nicht die Aufforderung zum Tanz, der lange währt und Tote fordert? Die Zeitung *Die Andere*, das kurzlebige Blatt der Bürgerrechtler, veröffentlichte die Adressen der Mitarbeiter des MfS.

Sie glaubten, das es eine Wut im Volke gibt, die eine Adresse braucht. Sie irrten sich allerdings.

Die Wende hatte einer Lawine gleich alles zerstört. Die bewaffnete Macht der DDR sah sich vor die Alternative gestellt, entweder als Instrument des Volkes oder des Staates zu handeln. Sie folgte ideologisch treu dem Credo der Väter und verlieh damit dem Staat in seinem letzten Atemzug die Würde einer Volksmacht. Die Demokratie bestand ihre größte Bewährungsprobe in Deutschland.

Die »Einheits-Avenue« ist noch immer keine »Prachtstraße«. Ein holpriger Weg durch soziale Rieselfelder, weit und breit keine blühenden Landschaften. Im Osten nichts Neues – außer dass sich der Alltag immer weiter vom Sozialismus entfernt und die Sonn- und Feiertage besetzt sind vom Kapital.

Ich verpasse nichts und löse mein Versprechen gegenüber meinem Freund und dem LKA ein.

Horst Joachimi
Berlin, im Frühjahr 2009

Prolog

Das Fazit meiner Generation, die nach der furchtbaren Entartung des deutschen Kapitalismus der Welt schwor, dass nie wieder Krieg und Faschismus von Deutschland ausgehen werde, ist die längste Friedensperiode der Geschichte Europas. Sie währte 45 Jahre. Uns schien dies eine geschichtliche Großtat zu sein, die nicht an Bedeutung verlor, weil sich am Ende der Nachkriegsperiode ein Staatsvolk freiwillig aufgab und in einen anderen Staat wechselte. Die Geschichte unseres Volkes ist voller Metamorphosen und meist wurden dabei Impulse ausgelöst.

Unser Impuls – der nun beklagt wird und wegen dessen man uns als »Täter« einer geschichtlichen Verfehlung darstellt – war der Sozialismus auf deutschen Boden. Unsere »Täterschaft« hatte ihren Ursprung im Antifaschismus. Der Staat, der daraus hervorging, verstand sich als eine Diktatur des Proletariats in seiner bis dahin demokratischsten Form. Es war der Versuch, ein breites Bündnis innerhalb der Gesellschaft zu bilden, deren wichtigste – und zahlenmäßig stärkste – Kraft die Arbeiterklasse war. Dass der Anspruch in der Realität immer weniger eingelöst wurde, ist hinlänglich bekannt, tausendfach bezeugt und dokumentiert. Die Verantwortung der SED-Führung für das Scheitern nicht minder. Das muss ich nicht neuerlich beschreiben.

Ich werde darüber schreiben, worüber ausschließlich ich berichten kann: über meine Erfahrungen im internationalen Kalten Krieg, deren Zeuge und aktiver Teilnehmer ich war.

Der Präsident der USA, Ronald Reagan, und der ihn tragende militärisch-industrielle Komplex initiierten zu Beginn der 80er Jahre eine neue Runde der Hochrüstung.

Das Brutto-Sozialprodukt der USA erreichte zu jener Zeit rund 3,5 Billionen Dollar. Das war mehr als das BSP von Japan, der BRD, Frankreich und Großbritannien zusammen. Es sollte jedoch nicht der sozialen Wohlfahrt der Allgemeinheit dienen, sondern die Kassen der nationalen Rüstungskonzerne füllen und die Volkswirtschaften der realsozialistischen Länder empfindlich treffen. Denn diese mussten auf das so entwickelte Drohpotenzial adäquat reagieren. Und was sie in Panzer, U-Boote, Flieger und Raketen steckten, fehlte anderenorts.

Die Strategie hieß Totrüsten.

Die USA verfügten über ein gewaltiges Netz der politischen und ideologischen Einflussnahme. Nicht nur die Auslandsfilialen der Monopole betrieben dieses Geschäft, sondern vor allem die über 200.000 im Ausland tätigen Diplomaten und Agenten der USA inklusive Mitarbeiter von Radio- und Fernsehstationen sowie Teilnehmer wissenschaftlicher Austauschprogramme. Alles wurde in der Zeit der Reagan-Administration in einer konzertierten Aktion geführt. Dieser gewaltige Druck überforderte bald die Gegenwehr des sozialistischen Systems. Trotzdem wäre es vermessen, angesichts der begrenzten internationalen Toleranz, die die Verfügbarkeit der Mittel der gewaltsamen Repression – wie später der Irakkrieg bewies – stark einschränkte, von einer »neuen Ewigkeit« der Existenz des imperialistischen Weltsystems zu sprechen. Die Aufrechterhaltung dieser *Pax americana* ist, wie wir wissen, mit dem Irak- und Afghanistankrieg gescheitert. Ohne diesen internationalen Niedergang der USA wäre 2008 Barack Obama nicht als Präsident der USA gewählt worden.

Damals aber, unter den Umständen der existierenden aggressiven Weltmacht USA mit ihren gleichartigen Verbündeten und dem schwächelnden Weltsozialismus, führte unsere Aufklärung der äußeren Bedingungen zur Feststellung, dass eine historische Niederlage heraufzog.

Der Vorsprung der kapitalistischen Länder war durch den wissenschaftlich-technischen Fortschritt und der damit verbundenen Steigerung der Arbeitsproduktivität unaufholbar geworden. Als ein Zusammenbruch noch vollkommen unvorstellbar schien und ein Kollaps der DDR beispielsweise durchaus einen Krieg hätte auslösen können, sorgten antikommunistische Staatsmänner wie Bayerns Ministerpräsident Strauß für die Stabilisierung der DDR, indem sie Kredite in nennenswerte Größe zur Verfügung stellen ließen.

Die DDR-Führung nahm ein solches Angebot nicht nur aus Gründen des Selbstschutzes an. Insofern ist es dumm und zeugt von Unkenntnis, wenn später behauptet wurde, dass die DDR mit der internationalen Sicherheit und dem Frieden wenig am Hut gehabt habe.

Nicht grundlos würdigte auch nach dessen Sturz Egon Bahr den im SED-Politbüro für Außenpolitik zuständigen Hermann Axen als deutschen Patrioten.

Bei allem, was man der untergegangenen DDR an Kritischem nachrufen muss – eines ist ganz gewiss nicht dabei: Dass sie sich nicht um soziale Gerechtigkeit in ihrem Staatsvolk bemüht habe.

Heute erleben wir das Gegenteil. Und nicht nur der Literaturnobelpreisträger Günter Grass warnt davor, dass dadurch unsere politischen Grundlagen nachhaltig angegriffen werden würde. Nichts zerstöre die Demokratie so gründlich wie soziale Ungerechtigkeit.

Auch in diesem Wissen habe ich mich für die DDR engagiert.

Der wundersame Anfang

Meine Frau und ich waren bereits berentet, als ein frühes Gewitter der gesellschaftlichen Spannungen uns aus dem dämmrigen Genuss des Altwerdens herausreißt und dazu zwingt, in kurzem Schnellauf die Schauplätze unsers Lebens zu durcheilen. Vorerst aber treiben uns gellende Pfiffe und nie gehörte Sprechchöre auf die Straße. Auf der Wiese vor dem Palast der Republik, unmittelbar neben dem Standmal von Marx und Engels, geraten wir in eine Traube wild diskutierender Jugendlicher. Ich stehe einem jungen Busfahrer gegenüber, der nicht aufhört, seine Hingabe an »Gorbi, Gorbi« lautstark zu bekunden. Ich unterbreche ihn, weil mir scheint, dass er nicht ganz ehrlich ist.

»Na gucke«, antwortet er mit fast fröhlicher Stimme. Aber damit meint er nicht nur mich, sondern auch die anderen. »Endlich mal wieder einen waschechten Kommunisten unter den Augen. Den Parteisekretär der BVB (*Berliner Verkehrsbetriebe – d. Verf.*) habe ich ja seit Monaten nicht mehr gesehen.«

Mich erinnert dieser Satz an meine Zeit im Stahlwerk Silbitz. Dort gehörte es zu den Besonderheiten, den Parteisekretär einmal zu Gesicht zu bekommen. Er hatte erkennbar keine Lust, uns Stahlwerkern gegenüberzutreten, wenn der Schuh mal drückte.

»Du rufst nach Gorbi, weil du Honecker und die SED weghaben willst«, versuche ich zu agitieren.

»Richtig«, sagt er zu meiner Verblüffung. Und niemand der Umstehenden wundert sich. Alle schauen auf einmal mich an.

»Dein Parteisekretär ist vielleicht ein Bürokrat«, mache ich weiter. »Reicht dir das, um dich von uns abzuwenden?«

»Nein«, reagierte er sofort, »die Verlogenheit ekelt mich an. Der Sohn von Sindermann, ein kleiner Kriminalist, fährt einen Volvo wie sein Vater. Als Busfahrer säße ich nach Feierabend auch gern mal auf so einem Schlitten. Die Frage ist also: Warum kann er, und warum darf ich nicht?«

Ja, warum? Die Antwort gründete sich doch nicht auf fehlende Devisen, sondern wohl mehr auf eine deutliche Ungerechtigkeit. Im Westen würde sich darüber keiner monieren: Das System bekannte sich zur unsozialen Zerklüftung der Gesellschaft und nannte das beschönigend Wettbewerb. Als wenn es »der Wettbewerb« besorgen würde, dass die einen dauerarbeitslos in Elendsquartieren vegetierten und die anderen kraft ihrer subjektiven Anstrengungen vom Tellerwäscher zum Millionär aufsteigen würden. Alles Unsinn. Wer mit dem »goldenen Löffel« zur Welt gekommen war, wurde ihn nie mehr los – wie eben auch jener kaum eine Chance hatte, seinem schlechten sozialen Milieu zu entkommen, in das er hineingeboren worden war. Aber hier, bei uns? Da gab es inzwischen Gleiche und besonders Gleiche, solche, die sich und ihre Kindeskinder mit Privilegien ausstatten, die sie sich nicht erarbeitet, sondern qua Amt bewilligt hatten. Das brachte die Leute, die ein sehr ausgeprägtes Gerechtigkeitsempfinden besaßen, auf die Palme.

Eigentlich könnte sich die DDR darauf etwas einbilden: Schließlich hatte sie ihre Bürger zu diesem feinen Gespür erzogen.

Ich selbst konnte zu diesem Thema ebenfalls Beobachtungen beisteuern.

Ein IM, der von einem Mitarbeiter meiner Abteilung geführt wurde, informierte uns beispielsweise einmal, dass der Sohn von Schabowski – Berlins Parteichef und Politbüromitglied – mit einem Volvo voller Mädchen und unter Alkohol von einer Disko zur anderen gefahren wäre. Selbst wenn es sich so verhalten hatte – denn wir glaubten das nicht –, dann könne man dies getrost unter Jugendsünden abhaken. Niemand wäre auf den Gedanken gekommen, dass möglicherweise mehr dahinter steckte, etwa dieses Gefühl unerschütterlicher Selbstgewissheit, einer Kaste von Unberührbaren anzugehören.

Irgendwann später, so entsann ich mich weiter, hatte Schalck-Golodkowski einmal ausgeplaudert, dass es nunmehr Schluss damit sei, Valuta für die Autos der Kinder des Politbüros auszugeben. Was also bestimmte von uns verdrängte Vermutungen bestätigte …

Meine Frau und ich verlassen das Marx-Engels-Forum mit unguten Gefühlen. Das Rad der Geschichte hat Fahrt aufgenommen. Anderthalb Wochen später ist Honecker weg und Krenz da. Der bleibt keine 50 Tage im Amt. Ein Betriebsunfall (oder Vorsatz: So genau wissen wir das bis heute nicht) führt zum Fall der Mauer. Das Land löst sich auf. Partiell zieht Anarchie ein. Unterdessen fallen unbemerkt und unkontrolliert ganze Heerscharen auswärtiger Dienste ein und räumen im Schutze von »Bürgerprotesten« die MfS-Speicher.

Die heimatliche Schlachteplatte wird angerichtet von bisher Zukurzgekommenen und Profilneurotikern, von Redaktionen, die Auflage machen wollen, von selbsternannten Richtern, von Pfarrern Gnadenlos und Rinderzüchtern in Anwaltsroben. Namen, Gehälter und Wohnanschriften von Mitarbeitern des MfS stehen in der Zeitung, damit der Zorn eine Adresse erhält.

Was nicht beabsichtigt ist: Nebenbei verweist man das Gerücht, diese hätten Unsummen verdient, ins Reich der Legende.

Ich bin in meine Wohnung verdammt, die Straße ist mir fremd geworden – ich habe meine Heimat verloren.

Eines Tages klingelt es an unserer Wohnungstür. Als ich aufmachte, ergriff ein Wohnungsnachbar, der begleitet war von mehreren jungen Leuten, sofort das Wort zum Anschlag.

»Hier seht ihr«, wandte er sich an seine Begleiter, einen waschechten Stasi-Oberst«. So sehen Verbrecher aus.«

Ich war für den Moment verblüfft, weder war ich Oberst noch ein Verbrecher. Also fragte ich, wo er das, was er gerade behauptete, herhabe?

»Von amtlicher Stelle«, antwortete der einbeinige Nachbar, der sich zu DDR-Zeiten bei einem U-Bahnunfall sein Bein abgefahren hatte und als Schwerstbehinderter bevorzugt eine moderne Wohnung im feinen Nikolaiviertel erhielt.

»Und was soll dieser Aufzug hier denn nun wirklich?«, fragte ich wieder.

In den flackernden Augen des Herausforderers begannen Mut und das Gefühl des Jagdglücks zu versinken. Die anderen ermunterten ihn auszupacken. Er musste denen allerhand vorgeflunkert haben. Der Einbeinige schien sein Gehirn zu wälzen, seine Augen traten basedowhaft aus den Höhlen, der Berg gebar eine Maus.

»Nun, irgend etwas müssen Sie ja verbrochen haben. Wie wird man sonst Oberst bei der Stasi?«, stieß er hervor.

»Warum erzählen Sie Geschichten aus der Boulevardpresse, die reine Lügen sind? Der Teufel soll Sie holen.« Meine Knie gaben langsam nach – nicht vor Angst, nein, mehr wie ein Wagenheber, der das Gewicht des Autos langsam zu Boden lässt. Das Letzte, was ich sagte, meine gute Erziehung vergessend, war: »Lecken Sie mich am Arsch!« Ich schloss die Tür.

Dieses Mal zogen sie noch ab.

Später, während eines intensiven Briefwechsels mit meinem Freund Eberhard Esche – der leider viel zu früh von uns ging – fiel mir zu diesem Vorgang ein, was ich in einem seiner Bücher gelesen hatte: »Haben Sie einem Krokodil ernsthaft in die Augen geblickt und dann gesagt: Krokodil, du siehst ja aus wie ein Krokodil, und haben Sie da eine Wirkung beim Krokodil gesehen? Nein! Das Krokodil, dem es egal ist, wie es heißt, es würde auch auf den

Namen Eichhörnchen nicht reagieren, schaut Sie an wie ein Krokodil und denkt als einziges: Wie schmeckst du?«

Das war es! Die Krokodile, die vor unserer Wohnungstür standen, lagen faul und gefräßig in den Straßen herum mit nur einem Ziel im Kopf: Alles wegfressen, was gestern war. Und die Krokodiltreiber kamen aus dem Westen und legten die Fressspuren.

Derweil erzählte Pfarrer Gauck seinem Bruder Tutu in Südafrika, die Ostdeutschen – insbesondere die einstigen Mitarbeiter des MfS – seien in Deutschland »weich gelandet«. Ich schreibe an den Bischof, um dieses Lüge zu korrigieren. Ich halte mich auch deshalb für diese Korrektur legitimiert, weil ich seinerzeit in den USA zusammen mit Jonny Makatini vom ANC für die Freilassung Nelson Mandelas gekämpft habe.

Zahlenspieler Gauck hatte das Dritte Reich mit der DDR verglichen und aus der Tatsache, dass die Nazi-Diktatur nur zwölf Jahre währte, hingegen die der Kommunisten vierzig, den abstrusen Schluss gezogen, dass Grausamkeit und Terror auch um ein Vielfaches größer gewesen wäre. Weil es keine Mordanlagen gegeben hatte, in denen, wie seinerzeit die Nationalsozialisten, der Völkermord industriemäßig betrieben wurde, erfanden Leute seines kruden Schlages das »Auschwitz der Seelen«, einer verlängerte die weiße Linie auf dem Perron im Bahnhof Friedrichstraße bis zur Rampe des Vernichtungslagers. Ein anderer erklärte das Untersuchungsgefängnis in Berlin-Hohenschönhausen zum »Dachau der Kommunisten«. Der Aberwitz schien keine Grenzen zu kennen, um diese DDR und ihr Personal zu kriminalisieren.

Die Gründung der DDR als den Beginn der Spaltung Deutschlands und als nur repressive Macht gegen das eigene Volk darzustellen, ist eine eklatante Fälschung der Geschichte und eine freche Propagandalüge, die man ungeniert bis in die Schulen hineinträgt. Damit ist die BRD auf dem Wege zu einem Problem für die historische

Wahrheit zu werden. Der Verbund zwischen solchen aus der politischen Führungsebene der BRD, die schon in der DDR verantwortliche Führungsfunktionen bei der FDJ und im Staats- und Schuldienst ausübten und denen, die direkte Nachkommen von Täterfamilien aus dem Dritten Reich sind, führt zu dem Umstand, den sie mit wüster Anti-DDR-Hetze glauben Rechnung tragen zu müssen. Unternimmt man den Versuch, der historischen Wahrheit Rechnung zu tragen, ertönt der Ruf »Verhöhnung der Opfer«, der zum Kampfbegriff wird und keine Streitkultur mehr zulässt.

Die »Opfer« werden als eine Massenerscheinung dargestellt und sind in Wahrheit ein Konglomerat ganz verschiedener Schicksale und sogar Verbrechen. Der Frevel, den man hier betreibt, wird unerträglich, wenn man genau hinschaut. Da werden auch jene in die Liste der »DDR-Opfer« aufgenommen, die wegen Kriegs- und Naziverbrechen in der DDR bestraft wurden. Damit nicht genug. Das reicht den Verwesern der »DDR-Opferakten« noch nicht aus. Das Landgericht in Neubrandenburg vertritt die Auffassung, dass dem zu lebenslanger Haft verurteilten Schwerverbrecher Frank Schmökel eine Opferrente für erlittenes Unrecht in der DDR zustehe. Hier ist die Rede von einem Mörder!

Führt uns das nicht zu recht zu der Vermutung, dass viele andere kriminelle Verbrecher, die sich dem Strafvollzug in der DDR durch Flucht in die BRD entziehen wollten, heute diese Ehrenrente als anerkannte Opfer der DDR erhalten? Wird auch das zur Berufungsgrundlage für den Kampfbegriff »Unrechtsstaat« gemacht?

So wird auf Kosten der DDR die Geschichte gespült, damit die Verbrechen des kapitalistischen Systems von vorgestern in Vergessenheit geraten.

Ich kam als Sohn des Kommunisten und arbeitslosen Maurers Hermann und dessen Ehefrau Marie im Sommer 1929 zur Welt Es folgte der härteste Winter seit Gedenken. Ich wurde mit einer Rotznase groß. Armut und die Kälte machten es, dass mein Leben vom chronischen Schnupfen begleitet wurde. Schuld traf auch meine älteste Schwester. Da Mutter arbeitete, hatte sie die Aufgabe, sich um mich zu kümmern. Und da der Arzt immer sagte, dass frische Luft für arme Leute wichtiger sei als Medizin, stellte sie mich im schlechtbedeckten Kinderwagen auf den Hinterhof ab. Der älteste Bruder nutzte die auf dem Hof angebrachte Teppichstange zu Reckübungen. Zum Glück stürzte er, und noch bevor ihm die Luft wegblieb, begann er vor Schmerzen so zu schreien, dass meine Schwester herbeieilte und mich halb erfroren fand.

So wurde ich als ungewolltes fünftes Kind groß. Mutter erzählte mir nämlich später, dass nach vier Kinder und fünf Fehlgeburten ihre Mutterpflicht erledigt schien. Doch dann sei der Vater einmal von einer verlorenen Skatrunde nach Hause gekommen und verlangte das Erlebnis der Lust, ohne die Gegenliebe abzuwarten oder sie wenigstens einzustimmen. Ungestüm und ohne sich vom kalten Kneipenschweiß zu reinigen, griff er sich seine Frau. Die Gedemütigte schlich sich in die Küche, als er schnarchte, um sich die überflüssigen Reste des Mannes wegzuspülen. Doch es half offenkundig nicht. Als Mutter nach vier Wochen wusste, dass es wieder einmal soweit war, stieg sie ins Schwitzbad, damit ich abginge. Es gelang zu meinem Glück nicht. Das Wunder war vollbracht. Ich hatte mich durchgesetzt.

Wie ich waren alle meine Geschwister im Winter gezeugt worden. Die langen Abende, ohne ausreichende Feuerung, trieben die Eltern früh ins Bett. Die kuschelige Wärme, weniger die Liebe, begründete unsere Existenz.

Daheim herrschte Armut. An den wenigen schönen Tagen gab es »Affenfett«, ein mit vielen Zutaten gestreckter Brotaufstrich. Langte der Vater häufiger als ihm zustand nach den abgezählten Brotscheiben, verzichtete die Mutter auf ihre Ration, damit die Kinder keine Abstriche an ihrer Zuteilung machen mussten. Manchmal legte sie dünne, gesalzene Kartoffelscheiben auf die heiße Herdplatte: Das war für uns eine Delikatesse. Vaters Delikatesse war Bier, das er in eine Karaffe füllte, mit Eigelb und reichlich Zucker verrührte und dann als »Herkulesgetränk« zu sich nahm. Diesen Luxus leistete er sich, wenn er mit Holz, dass er zu den besser Betuchten in der Stadt gekarrt hatte, ein paar Groschen verdiente. Mit dem Trank, so meinte er, würden alle Defizite bei der Ernährung auf einen Schlag ausgeglichen werden.

In derart aufgeräumter Stimmung beging ich einmal ein Sakrileg: Ich stellte bei Tisch eine Frage, was nur dem Vater gestattet war. Zudem noch eine, die weder ich noch er verstand. Ich wollte wissen, ob das, was augenblicklich mit dem Vaterland geschehe, die Apokalypse oder die Pflicht der Deutschen sei. Danach herrschte Totenstille in

Vater Joachimi mit Mutter als »Pferd« vor dem Wagen mit »Wellechen«, wie das gebündelte Anmachholz im Harz hieß

der Küche, und nach einer Weile setzte Vater ungerührt sein Mahl fort. Von da an hatten wir ein besonderes Verhältnis zueinander.

Er behandelte mich väterlicher.

Die Heimatstadt, in der ich aufwuchs, war über tausend Jahre alt, was man ihr auch ansah. Sie lag gekrümmt in der Landschaft des Vorharzes. Legte sich die kalte Luft des Harzes über sie, so bildete die hochgedrückte Warmluft eine Glocke, die keine Entlüftung der Stadt zuließ. Sie roch aus all ihren Poren nach der Lust des einfachen Volkes.

Schnaps und Kautabak waren hier zu Hause. Am Stadtrand, nahe dem Fliegerhorst, domizilierte der Puff, der einzige in Nordhausen. Dann kam das »Tausendjährige Reich« und schuf soviel Arbeitsplätze, dass man vor lauter Dankbarkeit den ordentlichen Bürgergruß durch das schrille »Heil Hitler!« ersetzte.

Den ersten Drill meines Lebens erfuhr ich in der Schule. Unter der Aufsicht von Fräulein Sauerbrey, die stets den Rohrstock bei der Hand hatte, um damit auf die Finger zu hauen, lernte ich Sütterlin.

Wenn beim »Haarstrich« hoch und »Grundstrich« runter der »Haarstrich« dicker ausfiel, lernte ich deutsch: Es setzte Schläge. Es gab ein wenig Grundrechnen, über das wir auch in der 8. Klasse nicht hinauskamen.

Es gab aber auch den Lehrer Eichhorn, einen gerechten Mann. Der ehemalige preußische Offizier erzielte mit seinen Lebensbetrachtungen und seinen Wertmaßstäben, die durchaus hilfreich waren, bei mir nachhaltige Wirkung. Vater und Mutter meinten dann, dass es auch für mich Zeit sei, Geld zu verdienen. Sie hatten zwar Arbeit, doch ich sollte nicht untätig in der Schule herumhocken. Ich begann eine Lehre als Dreher.

Meine älteste Schwester Erna, deren mangelnde Aufsichtspflicht mich fast zum Eisklotz hatte werden lassen, lebte in München. Ihr erster Mann gehörte zu den »Heldentoten« – er war mit seiner Ju 86 über Frankreich abgeschossen worden, nachdem er zuvor das Bombenwerfen im Geschwader »General Wever« in Spanien gelernt hatte.

Und obgleich ich ihren zweiten Mann kaum kannte, lud mich Erna, als hätte sie eine Schuld abzutragen, nach München ein. Ihre Wohnung am Gasteig bestand aus einem großen Zimmer mit einer auffallend blassen Tapete, einer viel zu großen Tür und einer winzigen Kochnische. Sie nahm sich viel Zeit für mich. So wandelten wir auf den Spuren der großdeutschen Geschichte: Feldherrenhalle, Hofbräuhaus ... Eben zu jenen Orten, an denen der Nationalsozialismus seinen Siegesmarsch begonnen hatte, und die – letztmalig, wie ich bald wusste – ein stolzes Prickeln in Magen- und Herzgegend bei mir hervorriefen.

Und da geschah es plötzlich. Vor meinen Füßen auf der Straße lag ein Flugblatt, das eine »Weiße Rose« unterzeichnet hatte. Ich wusste nicht, wer es verfaßt und es dort hingeworfen hatte. Ich las etwas von der Rettung des Vaterlandes, was eine nationale Pflicht sei. Es müsse Hitler gestürzt und der Krieg beendet werden. Die Sprache war verständlich, eindringlich, und traf mich irgendwie ins Mark.

Ein schwerer Sturm begann mein junges Gewissen zu ergreifen.

Was tun? Erst einmal das Papier einstecken.

Mich drängte es nach Hause zu fahren. Hier, in dieser fremden Stadt, wo ich außer meiner Schwester niemanden kannte, schien sich der Appell nicht realisieren zu lassen.

Ich bedrängte Erna, mich zum Bahnhof zu bringen. Mich beseelte eine diffuse Absicht, »irgendetwas« zu unternehmen. Am nächsten Tag setzte sie mich in den Zug nach Hause. Im Schuppen fand ich eine Hitlerbüste aus Gips und beschloss, noch am gleichen Abend diese an einem öffentlichen Ort zu zertrümmern.

Als die Dämmerung anbrach, fuhr ich mit dem Fahrrad zum Horst-Wessel-Haus in der Schützenstraße. Es bemerkte niemand, als ich auf den Gipskopf einschlug. An den nächsten Tagen verfolgte ich aufmerksam, ob nicht jemand wenigstens die Trümmer bemerkt hätte. Nichts. Ich war enttäuscht.

Einige Zeit später brach neuerlich ungestüme Wut in mir auf. Auf dem Wege zu meiner Schwester Ilse, die in Niedersachswerfen wohnte, einem Dorf zwischen Nordhausen und dem Harz, kam ich an einem Lager vorbei. Es sollte später als KZ »Dora« publik werden, in welchem von Häftlingen Teile der V 2 gefertigt worden waren.

Als ich vorbeiradelte, formierten sich gerade Marschkolonnen aus verhärmten Gestalten. Die sich nahenden Truppen der Amerikaner trieben die Aufseher zur Eile.

Die Stadt lag bereits in Trümmern. Wiederholt hatten angloamerikanische Bomberverbände ihre Lasten über Nordhausen ausgeklinkt. Am Ende bezahlte die Industriestadt mit 12.000 Menschenleben die Strategie der Westalliierten, das Rückgrat der Heimatfront mit Bombenangriffen im Hinterland zu brechen.

Dann rückten im April die Amerikaner ein. Im August zogen sie wieder ab und machten den Russen Platz. Bereits im Februar 1945 waren in Jalta zwischen den Großen Drei – Stalin, Roosevelt und Churchill – die Besatzungszonen fixiert worden. Die Briten und Amerikaner verließen die Positionen an der Elbe und in Mecklenburg, die sie bei ihrem Vormarsch im Frühjahr erreicht hatten, und zogen sich hinter jene Linie zurück, die auf der Konferenz in Potsdam bestätigt worden war.

Die Kommunisten klebten bereits bei der Ankündigung des Wechsels Plakate an die Häuserwände: »Wir begrüßen die Rote Armee als unsere Befreier«. Die Amerikaner verboten das und setzten auch mich fest, weil ich den Kleister gestrichen hatte. In der Montania, einer Maschinenfabrik, wurde ich verhört.

Unterdessen rückten die Russen ein. Was machten die Amerikaner? Sie übergaben mich an die Russen, weil ich mich nicht an die Weisungen der Besatzungsmacht gehalten hatte. Auf Intervention der KPD kam ich schließlich frei. Trotzdem war mir der Schreck tief in den Glieder gefahren. Es sollte nicht der letzte gewesen sein.

Unsere »Befreier« erfüllten nicht die idealisierten Erwartungen, die wir in sie gesetzt hatten.

Unterwegs nach Niedersachswerfen zu meiner Schwester traf ich am Ortseingang auf zwei junge Rotarmisten. Weil sie stark betrunken waren, versuchte ich auf der anderen Straßenseite an ihnen vorbeizuhuschen.

Sie brüllten: »Idi suda!«

Der Befehl, zu ihnen zu kommen, duldete keine Verweigerung. Ihre Waffen unterstrichen die Nachdrücklichkeit der Aufforderung. Die beiden brüllten auf mich ein, ich verstand nur Bahnhof. Nur ein Wort schien deutscher Herkunft, es drang wieder und wieder an mein Ohr. »Werwolf«. Nie gehört. Was war das?

Die beiden zerrten mich schließlich durchs Dorf, vorbei am Haus meiner Schwester. Nachdem der Ort passiert war, zog einer die Pistole und begann damit herumzufuchteln. Die wilden Gesten, das unverständliche Gebrülle und Geknurre ließen mich zunehmend ängstlicher werden. Irgendwie schienen die beiden Saufkumpane in Uniform mir ans Leben zu wollen.

Als hätte ich einen Schutzengel, erschien plötzlich auf der Bildfläche ein Jeep. Zwei Offiziere sprangen heraus und befahlen die beiden Soldaten ins Auto. Die Offiziere wurden schließlich handgreiflich, als ihrer Aufforderung nicht nachgekommen wurde. Mich indes würdigten sie keines Blickes. Ich war nichts, ein Niemand. Mir schwante, dass sie nicht meinetwegen, sondern ihretwegen eingegriffen hatten. Diese Erkenntnis wog schwer.

In der Kommandantur zog Kapitan Kapitonow ein. Ich freundete mich mit dem jungen Hauptmann bald an.

Er war für die politischen Organisationen zuständig. Ich erwähnte ihm gegenüber mein Schlüsselerlebnis bei Niedersachswerfen. Er warb um Verständnis. Stalin habe im Kampf gegen den Faschismus auch Kriminelle in eine Uniform stecken müssen, erklärte er mir.

Ich war jung und leicht auch von der dämlichsten Erklärung zu überzeugen.

Kapitonow meinte, die Antifa-Jugend, der ich angehörte, solle statt zu grübeln besser etwas zur Verbesserung der Versorgung unternehmen. Die Kartoffellager seien leer – wir sollten auf dem Lande Essbares auftreiben. Kapitonow stellte uns einige Lastkraftwagen und die Maßgabe, wieviel bei den Bauern zu konfiszieren wäre: Ihnen sollte genügend zur Selbstversorgung einschließlich Viehfutter und ausreichend Saatgut belassen werden. Aber wer von uns hatte schon eine Vorstellung, wie viele Kartoffeln ein Schwein im Laufe eines Jahres fraß? Und wie groß die Menge war, die im nächsten Frühjahr der Bauer in den Acker stecken würde?

Kapitonow wischte meine Fragen beiseite. Man müsse den Bauern vertrauen, sie würden schon sagen, wieviel sie benötigen. Erst danach sollten wir mit der »Augenmaß-Erfassung« beginnen.

Später, im Zirkel zum Studium der Geschichte der KPdSU (B), sollte ich erfahren, dass diese Methode in Sowjetrussland auch schon praktiziert worden war. Man nannte es »Kriegskommunismus«. Dieser »Kriegskommunismus« hatte auch noch andere Seiten.

Wir hatten 1945 herausgefunden, dass Otto Brunske als SA-Führer zwischen 1933 und 1938 mehrere Kommunisten, Sozialdemokraten und Juden an die Gestapo ausgeliefert hatte. Er wohnte in unserer Siedlung. Eines Morgens – wir luden die Jugendlichen des Stadtbezirks zu einer abendlichen Versammlung mit den Antifaschisten Kurt Meyer ein – kamen wir am Haus von Brunske vorbei. Und was sahen wir? Am Giebelfenster hing eine rote

Fahne! Nur hatte die einen hellroten Kreis in der Mitte, dort nämlich, wo Brunske das Hakenkreuz herausgetrennt hatte. Er aber war kein Roter, sondern ein Mörder, denn alle, die er denunziert hatte, waren hingerichtet worden. Was tun? Wir sprachen am Abend mit dem Antifaschisten Meyer darüber. Einige von uns wollten Brunske den Russen übergeben. Meyer meinte, das müsse vor deutschen Gerichten behandelt werden. Die aber hatten wir noch nicht. Eigentlich wunderte es uns, dass Brunske nicht mit den Amerikanern verschwunden war.

Die Entdeckung, dass Brunske ein Mörder war, löste bei uns Jungen »revolutionäre Freude« aus, aber keine blutigen Rachegelüste. Unser Gefühl, jetzt rein und frei, ja glücklich, da der Faschismus besiegt war, wollte die eigene befreiende Tat. Aber welcher Art sollte diese Tat sein? Verrat eines Menschen, der für seine Überzeugung zum Mörder wurde? Die Russen hätten kurzen Prozess gemacht, wohl zu recht. Aber stand uns diese Entscheidung zu? Da es keine eigenen Gerichte gab, hätten wir ihn an die Russen geben müssen. Das waren solche Tage, wo sich unser Gewissen im permanenten Alarmzustand befand.

An einem solchen kam Brunske die Strasse herunter, blieb grinsend bei uns stehen und prustete heraus: »Alle Achtung, dass ihr trotz des Hungers und des Elends dieser Tage so aktiv seid.«

Ich empfand das wie eine kalte Dusche und sah in sein hinterfotzig grinsendes Gesicht. Als er dann noch seine Hand auf meine Schulter legte, schlug ich ihn ins Gesicht. Das war eine Tat! Ich war irgendwie unbeherrscht gewesen und doch froh. Wenn wir ihn schon nicht den Russen übergeben und keine Gerichte haben, dann muss wenigstens dies sein, dachte ich. Meyer hatte es gesehen und weggeschaut. Erst als Brunske ohne Worte ging, kam er zur Gruppe und schwieg lange. Aber auch nach dem Schweigen sagte er nichts, und es hörte sich trotzdem so an wie »Mach das nie wieder«.

Nach einigen Tagen zeigte mir meine Mutter einen Brief, der von Brunske an unsere Familie gerichtet war. Er lud uns zu einer Tasse Kaffee und Kuchen zu sich nach Hause ein. »Mein Gott, wie das klingt«, sagte meine Mutter, die früher Eduscho-Kaffee verkauft hatte und schon beim Wort Kaffee eine riesige Lust verspürte, die Einladung anzunehmen. Ich hatte ihr von der Ohrfeige nichts erzählt und dachte, ist wohl auch nicht nötig, denn deshalb lud uns Brunske gewiss nicht ein. Also sagte ich zur Mutter, sie solle sich mal lieber Blümchenkaffee mit Zichorie und Kartoffelkuchen vorstellen. Egal, sagte sie, wir gehen hin.

Er stand schon im Gartenweg und kam uns freundlich entgegen. Mir schien, sein Körper schwankte in der Angst der Gefühle mit der aufgedunsenen Leichtigkeit eines Ertrunkenen, der sich losreißen will vom Bodenschlamm der Geschichte, um nach oben zu kommen. Seine Gestik war devot und sein Gesichtausdruck lakaienhaft. Mutter schluckte als müsse sie zurückhalten, was in ihrer Kehle aufstieg.

»Kommen Sie doch näher«, sagte er, »ich möchte Ihnen zeigen, dass ich Sie schätze«.

Danke, reagierte Mutter mit einem Mangel an Wärme in der Stimme. Und dieser Mangel war so deutlich, dass er wie eine unüberwindliche Mauer zwischen uns und Brunske aufstieg und Mutter es für unaufrichtig hielt, der Einladung weiter zu folgen. Wie verabschiedeten uns ohne weitere Worte.

Im Zirkel »Junger Marxisten« in der Oberstadt beschäftigten wir uns mit der Grundfrage der Philosophie und anderen theoretischen Fragen. Dann »spalteten« wir uns – die »Idealisten« verschwanden nach und nach aus den Reihen »der Aktivisten der ersten Stunde«. Ein Teil von ihnen ging in die Westzonen – um gesamtdeutsch zu wirken. Ihnen war die Ostzone nicht nur zu klein, sondern es war lediglich ein Teil Deutschlands, das aber vollständig umgekrempelt werden musste. Mich hingegen verwunderte damals, dass jene, die sich in der Grundfrage der Philosophie für den Idealismus entschieden, schließlich lieber im Westen wohnen wollten als bei uns. Später wusste ich das.

Ich war inzwischen hauptamtlicher Jugendsekretär der Kreisleitung der SED in Nordhausen und gewählter Jugendleiter einer Stadtteilgruppe. Einer meiner politischen Lehrer hieß Karl Eberhardt. Dieser hoch gebildete Mensch, der im KZ gelitten hatte, konnte in faszinierende Weise die Lehre mit dem Leben verbinden. Mit seinem Witz nahm er alle auf die Schippe, die sich in dogmatischer Weise des Marxismus bemächtigten.

Als unsere Jugendgruppe den Auftrag erhielt, mit der Freiligrath-Zeile »Der deutschen Zwietracht mitten ins Herz« auf die Straße zu gehen, löste das eine Diskussion bei uns aus. Diese kreiste um die Frage, was nun das Primat habe: die soziale oder die nationale Frage? Doch ehe wir sie beantwortet hatten, war die BRD gegründet worden.

Karl Eberhardt sagte dazu sibyllinisch: »Seht ihr, so ist es mit der Theorie – sie wird immer von der Praxis entweder korrigiert oder bestätigt.«

Manchmal, an heißen Sommerabenden, traf sich unsere engere Gruppe zur Beratung an der Straßenlaterne am Chausseegraben. Es war schwül und »Otto Cologne« – er benutzte das Duftwässerchen überreichlich und erhielt dafür diesen Beinamen – informierte uns darüber, dass ein SS-Mann aus dem ehemaligen »K.Z. Lager Dora«, nahe unserer Stadt, sich in einem der Siedlungshäuser »zivilisiert« habe, und er wisse auch in welchem. Also brachen wie dorthin auf.

»Otto Cologne« hatte die Führung übernommen, und nach einigen Minuten sagte er: »Halt, da brennt noch Licht, der Hund ist noch nicht zu Bett gegangen, den stellen wir.«

Einer von uns kletterte über das verschlossene Gartentor. Wir folgten ihm und standen abwartend auf der kleinen Terrasse, als er ans Fenster klopfte. Plötzlich hantierte jemand von innen an der Haustür. Durch die erleuchtete Scheibe in der Tür konnte ich einen Mann erkennen.

»Guten Abend«, sagte der, ganz ohne Groll in der Stimme trotz der nächtlichen Störung, als er die Tür öffnete. Zu dieser Zeit war wohl jeder unsicher und versuchte sich durch Freundlichkeit Wohlwollen zu erwerben.

Otto antwortete nicht, sondern schob den Mann zur Seite und ging ins Haus. Ich hätte ihn in sein Gesicht, sein verdammt schönes, adlergleiche männliche Gesicht, schlagen können, denn Otto tat in diesem Moment so, als stünde alles Recht dieser Welt auf seine Seite, und er könne schalten und walten, wie es ihm beliebte. Dazu aber wäre ich zu schwach gewesen. Schon während der Nazizeit, in den letzten Kriegsjahren, hatten wir immer auf Otto gesetzt, wenn ein großkotziger Hitlerjugendführer einer HJ-Streife uns anmachen wollte. Man brauchte Otto nur zu sehen, und man wurde weich in den Knien. Er war so etwas wie ein mittelalterlicher Recke, ein schier unbesiegbarer.

Jedenfalls stellte sich heraus, dass im Haus nur anständige Menschen waren, und wir zogen uns ein wenig verschämt zurück. Otto meinte, er werde seinen Informanten mal die Faust unter die Nase halten und dann wohl erfahren, wo der tatsächliche SS-Mann hocke. Wir hörten nichts mehr davon. Schade, es wäre gut gewesen, wir hätten diesen Nazidreck noch wegräumen können.

In Weimar, bei der Landesleitung Thüringen der SED, war in jener Zeit jemand auf mich aufmerksam geworden. Schneller als ich denken konnte wurde ich von Nordhausen in die Jugendabteilung der Landesleitung geholt.

Schlafen sollte ich in der »Germania«, einem alten Hotel, das zum Gästehaus umfunktioniert worden war.

Ich erhielt ein Doppelzimmer, das ich mit Willi Engelmann, einem Jugendoffizier bei der Landesbehörde der Volkspolizei, teilte. Er war ein bemerkenswerter Mann. In jeder Rolle konnte ich ihn mir vorstellen – nur nicht in einer, bei der Uniform zu tragen war. Er war das, was man gemeinhin »wenig soldatisch« nannte.

Es müsse sein, sagte er, wenn ich ihn darauf ansprach. Die Pariser Kommune sei deshalb unterlegen, weil sie sich nicht bewaffnet habe.

Er war der geborene Agitator, der andere zu seinem Glauben bekehren konnte. Für ihn war allein der historische Zeitpunkt wichtig, alles andere würde nach der Etablierung der politischen Macht geregelt werden. Das präferierte also die Revolution von oben.

Engelmann starb sehr früh. Er verzehrte sein Herz am Übereifer.

Die Goethestadt machte auf mich einen abweisenden, kalten Eindruck. Sie wirkte wie eine Katze, die sich vor der Ruine eines gigantischen Nazibauwerkes inmitten der Stadt duckte. Hier war 1919 die bürgerlich-parlamentarische Republik aufgebrochen, die bereits vierzehn Jahre später beerdigt wurde. Oben auf dem Ettersberg entstand bald darauf das KZ Buchenwald, in dem über ein halbes-Hunderttausend Menschen zu Tode gequält, erschlagen oder gehenkt worden waren. Ich fühlte mich unwohl und war froh, dass ich schon bald in die Landeshauptstadt Erfurt hinüberwechseln durfte. Immerhin waren nicht in Weimar, sondern in Eisenach, Gotha und Erfurt die entscheidenden Parteitage der SPD gewesen, in deren Folge sie von einem Lassalleanischen Arbeiterbildungsverein zur sozialistischen Partei wurde.

Mein Abteilungsleiter hieß Rudi Gutmann, er sollte später Mitarbeiter des ZK der SED in Berlin werden. Er war Jude und nach dem Krieg aus dem Exil zurückgekehrt, ein freundlicher und niemals nachtragender Mensch. Aber er tat mir sehr leid. In der Zeit seiner größ-

Jugenddemonstration in Nordhausen, Ende der 40er Jahre. In der ersten Reihe: Wilhelm Pieck, Ko-Vorsitzender der SED, daneben der FDJ-Vorsitzende Erich Honecker. Horst Joachimi hinter Pieck

ten Hoffnung verlor er seine über alles geliebte Frau. Nicht per Unfall oder Krankheit – nein, ein aus KZ-Haft befreiter Genosse nahm sie ihm weg. Alle in der Landesleitung der FDJ wussten, dass keine schöne Frau vor ihm sicher war. Und da Inge Gutmann in der Landesleitung der FDJ zu arbeiten begann und obendrein schön war, wurde sie Opfer dieses Schürzenjägers. Er hieß Heinz Lippmann und sollte schon bald Honeckers Stellvertreter in der FDJ werden.

Ein Mann wie Rudi Gutmann war zur Gegenwehr unfähig, Lippmann indes war ein kalter Mensch. Später, als er sich auf spektakuläre Weise in den Westen absetzte, ließ er auch Inge zurück. Gutmann ließ sich nichts anmerken, er hatte gelernt, mit Leid umzugehen.

Lange blieben wir nicht zusammen. Auf Beschluss des ZK der SED wurden die Jugendabteilungen in den Landesleitungen der SED aufgelöst.

Am 2./3. April 1949 fand der 2. Kongress der jungen Aktivisten in Erfurt statt. In jener Zeit war ein Gesetz im

Gespräch, das auf die besondere Förderung der jungen Generation zielte. Dabei stellten wir fest, dass in der Landesregierung keine jungen Menschen in verantwortlichen Funktionen arbeiteten. In unserer grenzenlosen Naivität und mit revolutionären Pathos forderten wir den Posten des Innenministers für den FDJ-Landesvorsitzenden Hans Peschel.

Augenblicklich regte sich in der thüringischen Staatsbürokratie Widerstand. Am Ende waren wir froh, dass Peschel wenigstens Hauptabteilungsleiter für Arbeit und Sozialfürsorge wurde.

Maria Thorhorst, Volksbildungsministerin in Thüringen, hielt uns vor, das Gesetz zur Förderung der Jugend falsch zu interpretieren und zu formalistisch aufzufassen. Sie nannte uns sogar pietätlos.

Nach Auflösung der Jugendabteilung der Partei kam ich zunächst in die Organisationsabteilung, und von dort ging ich als Instrukteur nach Gotha. Im Oktober 1950 sollte die Volkskammer gewählt werden. Sie wurde als Lackmustest für unsere Demokratie gesehen. Angesichts der unbefriedigenden Entwicklung an der Basis wurden

Horst Joachimi als Referent auf der 1. Jugendkonferenz der SED in Nordhausen, 1947

vom Parteivorstand alle Instrukteure zu einer zentralen Schulung nach Berlin gerufen.

Walter Ulbricht machte uns ungeschminkt mit der Lage vertraut.

Jeder von uns erhielt Vollmacht, an Ort und Stelle Missstände zu beseitigen, notfalls sollten die verantwortlichen Funktionäre abgelöst werden. Diese Art Volksdemokratie hielt ich für legitim.

Das Hauptproblem im Kreis Gotha bestand in fehlenden Wohnungen. Viele Umsiedler lebten noch immer in Baracken mit undichten Dächern, ihre Angst vor dem nächsten Winter war verständlich groß. Landrat Hecht (SED) ließ die Dinge schleifen. Ich verlangte ein Gespräch mit ihm und sah, dass dieser Mann zu keiner unorthodoxen Entscheidung fähig und willens war. Er verlangte von mir eine schriftliche Anweisung »von oben«, die Baracken zu räumen.

Ich veranlasste die Kreisleitung der SED, die Umsiedler befristet bei Bauern unterzubringen. Selbstverständlich erfolgte alles mit ordentlicher Wohnungszuweisung. Landrat Hecht wurde abberufen.

Ob dies alles so »sauber« war, wage ich heute zu bezweifeln. Flink ist die Jugend mit dem Wort, sagt der Volksmund, und wenn sich überschäumender Elan noch mit der Gewissheit paarte, für die »beste Sache der Welt« zu streiten, entsteht eine besondere Form von nassforscher Überheblichkeit, die von keinerlei Selbstzweifel erschüttert ist. Ich wurde in jener Zeit einmal von einer Stiftung als Redner eingeladen und schleuderte dort meine revolutionären Phrasen zwischen die Fräcke und Präziosen. Als ich endete, rührte sich keine Hand zum Beifall. Ich war nur kurzzeitig verstört, fand dann aber mein Vorurteil bestätigt: Das bürgerliche Pack spürt, dass seine Zeit vorbei ist.

Mit einer Studiendelegation des FDJ-Zentralrats in der Sowjetunion, 1951. Hier beim Besuch einer Kolchose. Horst Joachimi: Zweiter von links

Noch peinlicher und verstörender war eine Begegnung 1959. In Wien traf ich die Witwe von Kurt Tucholsky, die gerade von den Salzburger Festspielen kam und wie ich im Hotel »Europa« abstieg. Ich parlierte mit ihr und bemerkte erschreckt mein Halbwissen: Ich kannte kaum Texte von Tucholsky. Das Gegenteil jedoch wurde von meiner Gesprächspartnerin unterstellt. Mich rettete eine Einladung zu einer politischen Veranstaltung, die in diesem Moment an sie herangetragen wurde.

Damit konnte ich auf ein Feld wechseln, das mir ein wenig vertrauter war und ihr, aus meiner damaligen Per-

Umtrunk an der Komsomolhochschule in Moskau, 1957

spektive, ziemlich fremd. Sie schien den Sozialismus eher für eine esoterische Wissenschaft zu halten, die sie aus philantropischer Sicht für nützlich hielt.

Mein Gott, dachte ich, wie kann man nur so blumig über den Sozialismus reden ...

Das Stahlwerk

1953, als Stalin starb, hatte ich mich öffentlich über den Generalissimus ein wenig abfällig geäußert. Das hatte Folgen. Zu jener Zeit war man ziemlich rigide, nicht ganz so wie in der Sowjetunion, wo es, wie ich hörte, bereits zehn Jahre Arbeitslager gab, wenn man im Vollrausch in der Nähe eines Stalin-Standbildes sein Wasser in die Büsche abschlug. Doch auch hierzulande folgte Strafe auf dem Fuße.

Als Genosse erfuhr man zunächst das obligate Parteiverfahren (»Strenge Rüge«, d. h. die Stufe vorm Ausschluss). Und dann gab es noch die Maßregelung auf der Arbeitsebene. Meinen Job war ich los – ich wurde zum »Erziehungseinsatz« in die Produktion geschickt.

Der erfolgte unweit von Gera im Stahlwerk Silbitz. Der Landkreis Eisenberg lag im letzten Zipfel des Landes Thüringens, aus der Perspektive der Landeshauptstadt also ganz weit weg. Ich bezog ein kleines Zimmer in der Dorfkneipe, denn mein Aufenthalt sollte befristet sein.

Ich brachte mein Kainsmal – die Parteistrafe – mit. Die Blicke der Betriebs- und Parteileitung in Silbitz waren streng und abweisend. Und die Aufgaben, die mir gegeben wurden, mehr als hart. Mag sein, dass ich dies auch nur so empfand, weil die Arbeit ungewohnt war.

Wenn es mich nicht gegeben hätte, wäre sie von anderen gemacht worden. Also, ich will nicht rechten. Doch es war wenig angenehm, einen ausgefallenen Siemens-Martin-Ofen mit dem Presslufthammer ausräumen zu müssen, wenn die Steine noch rot glühten und Höllenhitze verbreiteten.

Als ich nach wenigen Sekunden den Hammer wegwerfen und hinausstürzen wollte, stand schon ein Kumpel neben mir und löste mich ab. Er hielt es sage und schreibe fünf Minuten aus, eine Unendlichkeit.

Draußen empfing mich keineswegs höhnisches Gelächter. Man wusste um die Schwere der Arbeit und hielt sich mit Spott zurück. Das gab mir Mut und Selbstvertrauen und ließ mich, als ich wieder an der Reihe war, ohne Widerstand in die Kammer zurückkehren. So verging die erste Arbeitswoche »unten« im Stahlwerk, in den heißen Kammern des Siemens-Martin-Ofen II.

Ich lernte meine Brigade kennen, Helmut, Heinz und Günter wurden schon bald meine wichtigsten Bezugspersonen im Stahlwerk. Ich begann als Ofenhelfer und karrte die Zuschlagstoffe heran, die Heinz, der 1. Schmelzer, durch die offene Klappe ins Höllenfeuer schaufelte. Kalk, Silizium Mangan, Flussspat und anderes musste ich beizeiten die vier Meter hoch zur Ofenbühne schaffen. Nach ein paar Wochen war ich endlich schneller als die Schmelze und konnte mir zwischendurch ein paar Ver-

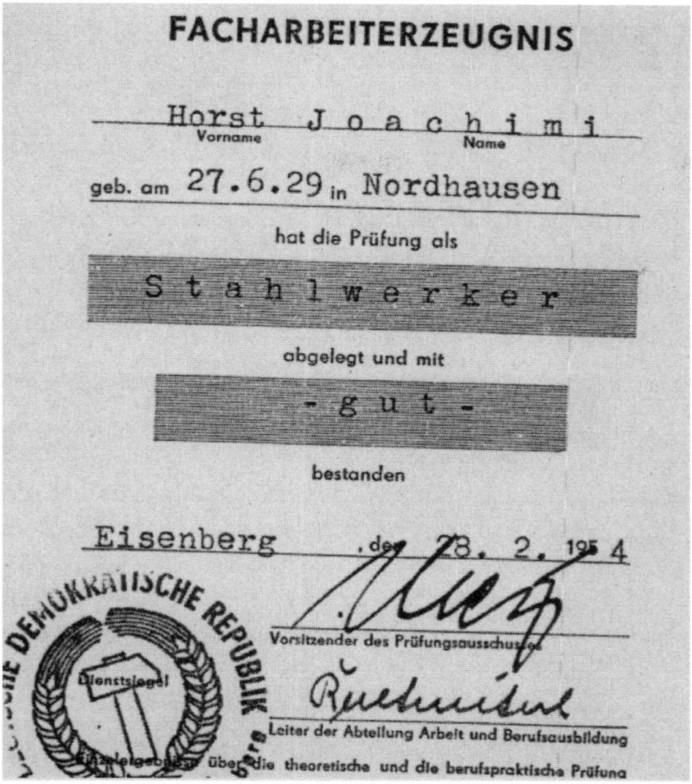
FACHARBEITERZEUGNIS

Horst Joachimi
Vorname Name

geb. am 27.6.29 in Nordhausen

hat die Prüfung als

Stahlwerker

abgelegt und mit

- gut -

bestanden

Eisenberg , den 28. 2. 1954

Vorsitzender des Prüfungsausschusses

Leiter der Abteilung Arbeit und Berufsausbildung

Einzelergebnisse über die theoretische und die berufspraktische Prüfung

DEMOKRATISCHE REPUBLIK
Dienstsiegel

Facharbeiterzeugnis für Horst Joachimi, 28. Februar 1954

schnaufpausen gönnen. Zwanzig Tonnen Schrott köchelten vor sich hin.

Eines Tages aber geschah es. Ich hatte die Schrottmulden, die der Kranfahrer – der nie viel Zeit hatte, da die Öfen hintereinander abstachen – hochgehoben hatte, auf der Bühne ausgeklinkt. Der Kranfahrer ruckte wohl eine Idee zu früh an, und die gerade gelösten Ketten schlugen gegen meinen Körper. Ich verlor das Gleichgewicht und stürzte rücklings in die Tiefe. Nach vier Metern schlug ich auf.

Mein Glück bestand darin, dass ich auf einen Stapel Bleche fiel, die den Fall merklich abfederten. Ich rappelte mich auf, alle Knochen schienen heil, und eilte zur Bühne hinauf. Heinz brüllte mich nur an: »Wo bleibst du denn, du Arsch!«

Mein Stolz verbot es mir, ihm zu erklären, wo ich geblieben war.

Nach der Schicht ging ich zum Betriebsarzt. Mein Hintern war ein einziger Bluterguss. Der Arzt schrieb mich krank.

Um den 17. Juni 1953 herum blieben die meisten Arbeiter aus der Gießerei und der Formerei zu Hause. Sie kamen aus den umliegenden Dörfern. Ihre landwirtschaftlichen Betriebe warfen nicht genug ab, so dass sie im Stahlwerk arbeiteten. Man nannte sie »Halbproletarier« und »Halbbauern«, und das klang wie eine Entschuldigung, denn wenn man nur »halb« war, konnte man kein ganzes Bewusstsein haben.

Die Bauern bleiben also auf ihren Höfen, der Parteisekretär des Betriebes ging auf Tauchstation und der sowjetische Generaldirektor holte Eisenschmelzer aus der Maxhütte Unterwellenborn.

Die Bauernfrauen trieben bald ihre Männer wieder zur Arbeit: Die Ziegen konnten sie auch allein melken, und die Familien brauchten das Geld, dass die Männer im Werk verdienten. So führte denn Vernunft und ökonomischer Zwang bald wieder zur Herstellung der üblichen Verhältnisse. Auch der Parteisekretär erschien wieder in seinem Büro.

Ich hatte unterdessen mit anderen an den Öfen Wache geschoben und dafür gesorgt, dass die Feuer nicht erloschen. Die Produktion konnte also sofort wieder aufgenommen werden.

Weder ein Vertreter der Betriebsspitze noch der Partei- und Gewerkschaftsleitung schaute bei uns vorbei, um uns zu danken, dass wir die Öfen nicht hatten ausgehen lassen, womit wir großen Schaden vom Stahlwerk abgewendet hatten. Die Funktionäre ließen sich höherenorts dafür belobigen. Sie waren offenkundig nicht bereit, etwas von der Anerkennung abzugeben. Wir wussten davon, schließlich stand es in der Zeitung.

Das vergiftete die Betriebsatmosphäre noch mehr, als sie es ohnehin schon war. Selbst wir schauten aneinander vorbei, sprachen nur noch das Nötigste miteinander. Ich fürchte, dass uns dieses Unwohlsein nie mehr verließ. Wir schlichen wie unbefriedigte, abgewiesene Liebhaber durchs Werk. Vor kurzem noch hatten wir nicht nur gemeinsam protestiert, sondern auch Vorschläge zur Verbesserung des Sozialismus gemacht. Der 3. Schmelzer am S;-Ofen II Günter Hartmann und ich hatten einen Brief an das ZK der SED entworfen, in dem wir unsere Auffassungen artikulierten. Enttäuschung griff um sich.

Günter Hartmann wurde nach mehreren FDJ-Funktionen schließlich zum 2. Sekretär der Kreisleitung Eisenberg der SED berufen. Obwohl wir auf Grund großer geographischer Ferne über Jahrzehnte uns nicht mehr sahen, blieb er mit seiner Frau Gerta in unserer Erinnerung stets gegenwärtig. Es erschütterte uns daher schwer, als er – auch nicht mehr ganz gesund und im bereits fortgeschrittenen Alter – seine liebe Gerta für immer verlor. In solchen Situationen spürt man, dass es dabei bleibt: Gute Freunde sterben nicht.

Rückkehr in die Politik

Irgendwann erinnerte man sich meiner wieder. Die SED-Bezirksleitung in Gera holte mich aus Silbitz zurück in meine gewohnten Arbeitsverhältnisse. In jener Zeit begann ich auch ein Fernstudium der Philosophie an der Jenenser Friedrich-Schiller-Universität. Dazu hatte mich mein Freund Kurt Rundnagel überredet. Er wurde später Mitarbeiter des ZK der SED und danach Sekretär in der Bezirksleitung Erfurt.

In Gera arbeitete auch ein Genosse Hans Bentzien. Er gehörte nicht zu meinen Freunden. Wenn ich mich dennoch an ihn erinnere,dann aus zwei Gründen. Zum einen wurde er später Kulturminister, doch nach dem berüchtigten 11. Plenum 1965 gestürzt. Zum anderen berichtete er geraume Zeit nach dem 17. Juni 1953, wie er im Auftrag der Partei gegen die drohende Konterrevolution im Stahlwerk Silbitz gekämpft habe. Ich aber hatte ihn dort nie gesehen. Er kann sich wohl nur im Versteck des Parteisekretärs aufgehalten haben. Als ich las, dass er bei den Familien der »Hochöfner » gewesen sei, war ich davon überzeugt, dass er nicht in Silbitz gewesen sein konnte. Die einzigen Hochöfen, die die DDR damals besaß, standen in der Maxhütte in Unterwellenborn. Mag sein, dass Bentzien in der Maxhütte war, wo nicht gestreikt worden war.

Eines Tages rief mich der 2. Bezirkssekretär Knolle zu sich. Er teilte mir mit, dass er dem ZK den Vorschlag unterbreitet habe, mich 1963 für drei Jahre auf die Parteihochschule nach Moskau zu delegieren. Ich war platt. Wollte er mich loswerden, fragte ich mich leise und ihn laut, was danach für mich vorgesehen sei. Knolle schien auf die Frage vorbereitet zu sein, denn zu meiner Überraschung antwortete er sofort: »Du wirst 1. Kreissekretär von Jena-Stadt, dort müssen wir etwas verändern.«

Das schreckte mich denn doch ein wenig. Diese Funktion übte Lothar Weber aus. Ein Querdenker, durchaus erfolgreich. Zuvor war er persönlicher Referent von Fred Oelßner gewesen, einer der wichtigsten Köpfe im Politbüro, bis man ihn im Februar 1958 im Zusammenhang mit der sogenannten Wollweber-Schirdewan-Affäre aus dem inneren Parteizirkel ausgeschlossen hatte. Offenkundig wollte man nun auch noch die ehemaligen Mitarbeiter der Verstoßenen in die Wüste schicken.

Ich nahm dennoch das Angebot an. In Moskau, so hoffte ich, würde ich nicht nur interessante Menschen kennenlernen, sondern auch den Geist des XX. Parteitages zu spüren bekommen. 1956 hatte Chruschtschow mit seiner Stalin-Abrechnung ein politisches Tauwetter ausgelöst. Vieles, so schien mir, war in Bewegung gekommen. Bestimmte Dogmen und Denkstrukturen begannen sich aufzulösen, wenngleich in der DDR davon wenig zu beobachten war. Im Gegenteil: siehe die Parteisäuberung 1958.

Bei einem Pioniertreffen in Gera, 1955

Landagitation 1960. Horst Joachimi wirbt für die LPG in der DDR

Vom ersten Augenblick an fühlte ich mich in Moskau wohl. Allerdings: Die meisten Lehrer gehörten noch der »alten Schule« an. Die Vorlesungen folgten den bekannten Mustern. Die Seminare hingegen waren erfrischend. Wir konnten über alles diskutieren. Besonders erfrischend fand ich Adam Schaff, einen polnischen Philosophen.

Auch meine Neugier auf die Welt und fremde Menschen wurde befriedigt. Zu unserem Kursus gehörten beispielsweise auch der Generalsekretär der irakischen KP Adil und seine Frau Tamina. Im Februar 1958 hatte der Irak mit Jordanien eine Arabische Föderation gebildet, die aber nach einem blutigen Staatsstreich am 14. Juli 1958 aufgelöst worden war. General Kassem beendete die Monarchie und rief die Republik aus, das Land an Euphrat und Tigris geriet bald in eine schwere Lage. Adil meinte, sein Platz sei jetzt an der Seite seiner irakischen Genossen und kehrte nach Bagdad zurück. Er wurde – wie viele andere Kommunisten – dort zu Tode gefoltert. Als uns die Nachricht in Moskau erreichte, brach Tamina Adil zusammen. Fast über Nacht alterte die blühende Frau und zog sich zurück. Wir atmeten auf, als sie nach Wochen wieder

Die Parteihochschüler besuchen im Rahmen ihres Praktikums eine Teeplantage in Grusinien (= Georgien), 1964

zu den Vorlesungen erschien und entschlossen das Studium fortsetzte. Sie kehrte nach dem Abschluss in ihr Land zurück. Ich habe nie wieder etwas von ihr gehört oder gelesen.

Moskau nahm ich mit allen Sinnen wahr. Es war eine riesige pulsierende Stadt mit lauschigen Winkeln und interessanten Perspektiven. Ich war oft unterwegs und

Mit Ljowa, meinem Freund aus Sibirien

geriet auch einmal in eine russisch-orthodoxe Kirche, die unmittelbar vor der Lomonossow-Universität lag. Es wurde gerade ein Gottesdienst abgehalten, der für mich doppelt fremd war.

Die Rituale beobachtete ich neugierig, und niemand nahm Anstoß, dass ich mich nicht bekreuzigte. Erst als alle zu Boden gingen und die Steine küssten, regte sich Widerspruch. Ich war zur Salzsäule erstarrt und stand über den gebeugten Rücken. Dabei fühlte ich mich, der Atheist, durchaus jenen überlegen, die das »Opium des Volkes« auf die Knie gezwungen hatte. Die alten Weiber in meiner Umgebung begannen zu zischen. Ich konnte mich dieser Intervention schwer nur entziehen und ging nun gleichfalls in die Hocke, aber tat so, als müsse ich meine Schnürsenkel binden. Das tat ich aber mehr für mich selbst, um nicht der Nachbarschaft das Gefühl von Befriedigung zu geben, dass ihr Protest erfolgreich gewesen sei. Als ich mich erhob, traf mich ein Wasserguss. Der Pope hatte seinen Wedel in meine Richtung gereckt, ob mit Vorsatz oder zufällig vermochte ich nicht zu sagen. Ich

Tribünenkarte für die Mai-Demonstration auf dem Roten Platz, 1966

Parktikum der Parteischüler in Grusinien, 1965

war klatschnass im Gesicht, unterließ es aber, mich mit dem Taschentuch trocken zu reiben. Die Frauen bildeten eine Gasse, was ich als Aufforderung verstand, den heiligen Ort zu verlassen. Draußen spürte ich eine gewisse Erleichterung. Auch in meiner Gesäßtasche. Dort hatte bis vor kurzem noch mein Portemonnaie gesteckt.

Weil unsere Lehrer darauf bestanden, dass wir auch zur Verbesserung unserer Sprachkenntnisse Kontakte zu russischen Menschen suchen sollten, entstanden enge Beziehungen zu jungen Intelligenzlern.

Die Vermittlung erfolgte im wesentlichen durch die internationale Buchhandlung in der Gorki-Straße. Wir hatten Begegnungen mit Journalisten, vornehmlich mit Redakteuren der *Komsomolskaja Prawda*, und Germanistik- und Philosophiestudenten.

Ich erinnere mich besonders an ein Treffen, das unweit Moskaus in einen Städtchen mit dem schönen Namen Swenigorod (Klingelstadt) stattfand. Wir hatten uns zum Baden in der dort etwa knietiefen Moskwa verabredet. Wie immer bei solchen geselligen Zusammenkünften wurde reichlich gegessen und getrunken. Und dann gesungen. Meist schwermütige russische Lieder. Und zwischendurch wurde diskutiert. Nein, der Umgang der

Mit den Kommilitonen Lützkendorf und Poppe

sowjetischen Führung mit dem Dichter Jewtuschenko sei falsch. Auch wie man Jessenin behandelte. Der russische Poet hatte sich 1925 das Leben genommen.

Die Zeit verging, die Prüfungen rückten heran. Während ich Ökonomie bimste, von mir wenig geliebt, erhielt ich unerwartet Besuch aus Berlin. Der Genosse stellte sich mit »Grohs« vor. Nach einigem Her und Hin

ДИПЛОМ

С ОТЛИЧИЕМ

А № 018600

Предъявитель сего тов. Иоахими

Хорст

в 1963 г. поступил ... и в 1966 г. окончил ...
полный курс Высшей партийной школы
при ЦК КПСС и сдал ..... государственные
экзамены в соответствии с учебным планом.

Diplom der Moskauer Parteihochschule für Horst Joachimi, 1966 war klar: Er kam vom MfS, Hauptverwaltung Aufklärung. Ob ich nicht …? Wenn Berlin die Alternative zu Jena war, so dachte ich, dann sollte ich das Angebot annehmen. Gleichzeitig regte sich in mir die Parteidisziplin. Ich wagte den zaghaften Einwand, dass mich die Bezirksleitung Gera eigentlich mit der Maßgabe nach Moskau geschickt habe, damit ich anschließend 1. Sekretär der SED-Kreisleitung in Jena würde.

Grohs winkte wissend ab. Man habe für Weber schon Ersatz gefunden – die Genossin Erika Richter aus dem Zentralrat der FDJ.

Na dann.

Ich willigte ein.

In der Abteilung USA der Hauptverwaltung A

Armin Grohs amtierte als Leiter der Abteilung USA, der späteren Abt. XI der HV A, als ich in Berlin meine neue Tätigkeit aufnahm. Die Vereinigten Staaten waren, obgleich noch keine diplomatischen Beziehungen zur DDR bestanden, nicht nur als imperialistische Führungsmacht für uns von Interesse. Die USA hatten in Westberlin und in der Bundesrepublik – unserem »Operationsgebiet« – Truppen und Institutionen. Diese waren Teil der Front im Kalten Krieg gegen den real existierenden Sozialismus. Wir hatten das Hinterland aufzuklären.

Ich wurde auf einen legal abgedeckten Einsatz jenseits des Großen Teiches vorbereitet.

Ein Teil dieser Vorbereitung bestand in der Bearbeitung des Reiseverkehrs. Auf diese Weise lernten wir die amerikanische Art zu denken und aufzutreten kennen. Natürlich wollten wir auch in Erfahrung bringen, ob es Differenzen gab zur Administration, die man für eigene Zwecke ausnutzen konnte.

Parallel zum Einsatz im Außenministerium der DDR besuchte ich mit meiner Frau Christl einen Englisch-Intensivkurs. Ein paar Ausbildungsstunden in Chiffre und Funk kamen noch hinzu.

Im Sommer 1976 war es endlich soweit. Offiziell übernahm ich eine Tätigkeit in der DDR-Vertretung bei der UNO in New York. Die USA und die DDR unterhielten diplomatische Beziehungen.

Beide Staaten hatten – gemeinsam mit 33 anderen – im Vorjahr in Helsinki die Schlussakte der Konferenz für Sicherheit und Zusammenarbeit in Europa (KSZE) unterzeichnet. Die Entspannungspolitik schien Früchte zu tragen. Die beiden Großmächte hatten gegen Ende der 60er Jahre sich das atomare Patt eingestanden. Vor diesem Hintergrund begann man sich eine neue Geschäftsordnung zu geben. In Europa war in der Folgezeit eine Reihe bilateraler Verträge unterzeichnet worden, deren Krönung Helsinki war.

Gleichwohl ging der Klassenkampf weiter. Die Entspannungspolitik hatte die Blockauseinandersetzung nicht überwunden. Die Welt war unverändert bipolar. Doch der Konflikt wurde als Wettbewerb, als Wettstreit der Systeme unterhalb der Kriegsschwelle ausgetragen.

Ich sollte dabei an exponierter Stelle mitwirken.

Nicht zum ersten Mal flog ich in die USA. Ich hatte wiederholt das Land als »Tourist« bereist. Nun aber war es für länger. Wir mussten unsere Tochter in der DDR zurücklassen. Mit Hilfe von Heinz Kimmel, 1. Sekretär der SED-Kreisleitung in Berlin-Friedrichshain, fanden wir ein kinderloses Ehepaar, das sie aufnahm. So blieb ihr das Internat für Diplomatenkinder in Königs Wusterhausen erspart. Wir verabschiedeten uns unter Tränen in Schönefeld. Die Maschine der LOT flog mit uns Richtung Warschau, für unsere Tochter gingen wir in die Sowjetunion. Von Warschau kehrten wir wieder nach Schönefeld zurück, dann ging es ab Kopenhagen mit einer skandinavischen Linie über den Atlantik.

Der Abschied von unserer Tochter war endgültig. Für sie arbeiteten wir im Bruderland in einer Gegend, wo auch sie uns nicht besuchen durfte. Die Konspiration – auch in den Jahren zuvor – war so hoch, dass sie später, als sie auflog, von unserer Tochter als fehlendes Vertrauen verstanden werden musste. Auch wenn der Bruch erst danach erfolgte, so verloren wir sie bereits in den 70er Jahren, ohne dass wir es bemerkt hätten.

Im Anflug auf New York wurde ich mir des Zwiespalts bewusst, dem ich nunmehr unmittelbar ausgesetzt sein

Tochter Silvia blieb in der DDR zurück. Ihr Tod kam viel zu früh. Der Schmerz bleibt

würde. Ich liebte Amerika seit Jahren. Das war eine diffuse Zuneigung, die sich ursprünglich aus Kinderträumen und Jugendbüchern speiste.

Nun näherte ich mich diesem Land als erklärter Feind. Ich tröstete mich mit dem Argument, dass es ja keine Feindschaft zum Volke, sondern zum politischen Establishment sei. Konnte man aber so klinisch sauber unterscheiden? Der Widerspruch hatte sich voll aufgetan. Es ist der Widerspruch zwischen der Liebe zum Volk und dem Hass zum kapitalistischen Establishment. Dem stand ich jetzt in reinster Form in den USA gegenüber. Lass ich sie rein, diese Welt oder filtere ich sie mit ihrem Erscheinungsbild durch mein ideologisches Netz? Wankte hier etwa mein »Elfenbeinturm?« Natürlich nicht, aber ich stand mittendrin im spiegelnden Schattenwerfen der realen Wirklichkeit. Später, als wir Fuß gefasst hatten und ich Licht und Schatten sondierte, bestätigte sich auch hier die Richtigkeit der marxistischen Lehre. Die Dschungelpfade des Kapitalismus taten sich auf und die Schattenseiten übertrafen die des Lichts.

Meine Frau Christl wurde auf ihre Weise mit diesem Land der unbegrenzten Möglichkeiten fertig. Obwohl sie zur unpassendsten Zeit schwanger wurde und sie auf Anraten des amerikanischen Arztes die Schwangerschaftsunterbrechung ertrug, wurde sie mit allen widrigen Umständen erstaunlich leicht fertig. Mit der sehr belastenden Doppelverantwortung kam sie gut zurecht.

Wir landeten auf dem internationalen Kennedy-Airport. Beim Aussteigen packte uns die Hitze mit eiserner Hand. 86 Grad Fahrenheit. Die hohe Feuchtigkeit verwandelte die Luft in klebriges Gelee. Durchnässt standen wir am Förderband und warteten auf unsere Koffer. Eine ungemein voluminöse Schwarze schob sich zwischen mich und die Drehscheibe. Wie im Kreisverkehr musste ich sie umschiffen, eckte aber an und erntete einen vorwurfsvollen Blick aus großen Augen. Die schwarzbraune Regenbogenhaut, die das schöne Auge bildet, war weiß überstrahlt. Diese Augen, dachte ich, sind der letzte schöne Rest von der ursprünglichen Menschheitswurzel, die in Afrika lag. Die andere Masse, die sich unterhalb der Augen bewegte, war die Deformation der »neuen Welt«.

Endlich saßen wir im klimatisierten Auto und befanden uns auf einem der vielen Highways, von dem man die wunderbare Skyline Manhattans sah. Dieses Bild faszinierte mich immer wieder. Und damit ging (und geht) es mir wohl nicht nur allein so. Wie Riesen drängten sich die Hochhäuser im Südteil der Insel zwischen Hudson und East River aneinander. Ein Wunder, dass die Insel nicht »kippte«, denn oben, in Harlem, waren die »Gegengewichte« gering, weil die Häuser niedrig sind. Auffällig die beiden Türme des World Trade Centers, die soeben fertiggestellt worden waren. Auf 110 Etagen sollten an die 20.000 Menschen arbeiten – so viele, wie meine Geburtsstadt Nordhausen Einwohner zählte. Manche nannten die »Twins« deshalb »Protzpimmel« wie nahezu jedes Hochhaus nicht nur von Feministinnen als »Phallus-Symbole«, als Ausdruck von Imponiergehabe, interpretiert wurden. Ich sah sie nicht so. Mir gefiel diese schlichte Eleganz aus Glas und Stahl, die sich in mehrere Hundert Meter Höhe schwang.

Später fuhr ich gelegentlich hinauf. Wenn man auf der Plattform stand, wähnte man sich wie in einem Flugzeug. Die *Circle Line*, ein Touristenschiff, das regelmäßig Manhattan umrundete, sah von dort oben aus wie ein Kinderschiffchen. Im Süden dehnte sich der Ozean, im Westen flossen der Hudson, im Osten der East River und im Norden, bevor die Bronx von New York begann, der Harlem River. Wenn man aufs Detail nicht achtete, übersah man sogar das einst größte Gebäude der Welt, das Empire State Building. Neben den »Twins«, gleich am Broadway, stand das Woolworth Building, welches vor 1930 als das schmalste Gebäude der Welt galt, ein Stück weiter reckte sich das Chase Manhattan Plaza, dann das Gebäude der Pan Am an der Park-Avenue sowie das markante Grace Plaza an der Avenue of America. Ins Blick geriet das schöne Verwaltungsgebäude der UNO, das Chrysler Building und das beeindruckende City Corp Center an der Lexington Avenue.

Zwischen diesen Riesen wirkten die übrigen Gebäude wie billige Unterkünfte für das Dienstpersonal und die Straßen wie Gassen, denen es in der Tat an Licht mangelte. Während in den Etagen zwischen 40 und 100 sich das Sonnenbaden lohnte, musste man in den unteren Geschossen bereits Licht machen, wollte man die Zeitung lesen. Dieser optische Kontrast zeigte sich auch in der Gesellschaft. Es gab Luxus und Elend, Glanz und Schatten stets gleichzeitig.

Unser Arbeitsplatz befand sich auf der Sonnenseite, in der Park Avenue in Sichtweite des Pan Am-Gebäudes, also ganz in der Nähe der 42. Straße, die Künstler und Kriminelle gleichermaßen anzog. Das schöne Gebäude hatte die DDR preisgünstig erworben. Für den steinreichen Besitzer war es nicht repräsentativ genug – aber für uns schon. (Das Haus gehörte übrigens zu den DDR-Vertretungen, die von der Bundesrepublik 1990 gern übernommen und zu Geld gemacht werden sollten. Mitte der 90er Jahre wurde es an eine skandinavische Immobilienfirma verkauft.)

Im Sommer 1980 trug sich dort eine hübsche Begebenheit zu, die mehr über das Weltbild des Durchschnittsamerikaners aussagte als unsere Lehrbücher. Es meldete sich ein junges Paar am Empfang, das offenkundig mit der Namen »German Democratic Republik« am Eingang nichts anzufangen wusste. Man erklärt ihnen freundlich, dass dies die Vertretung Ostdeutschlands sein, was sie offenkundig auf der politischen Landkarte durchaus zu lokalisieren wussten. Denn wie reagierte die Dame, als ihr klargeworden ist, dass dieses schöne Haus den »Commis« gehöre? Sie verstünde nun erst recht nicht, warum sie gegen die Kommunisten seien, wenn sich diese doch ein so formidables Haus an der Park Avenue leisten könnten …

Zum Hauptquartier der UNO waren es zehn Minuten zu Fuß. Uns wurde nahegelegt, wegen der Kriminellen, die sich vor allem um die 42nd Street umhertrieben, darauf zu verzichten und den Wagen zu benutzen. In der UNO gab es eine vorgeschriebene Kleiderordnung – man fiel also auf. Im Sommer hielten wir uns daran – schon wegen der *air condition* im Wagen. Anderenfalls wäre man bis zum Ziel völlig durchschwitzt gewesen. Doch im Winter liefen wir gern hinüber, um an Vollversammlungen, Ausschusssitzungen oder anderen Zusammenkünften teilzunehmen.

Bevor wir die DDR verlassen hatten, war ich zum 1. Sekretär des diplomatischen Dienstes ernannt worden. Meine eigentliche Funktion aber lautete: Resident der HV A, zuständig für die Führung des IM-Netzes.

Während Botschafter Florin allmorgendlich alle Mitarbeiter zusammennehmen und ihnen im Kollektiv Weisung erteilen konnte, musste ich dies nicht nur individuell, sondern obendrein auch noch konspirativ erledigen. Das, so sollte sich erweisen, war nicht immer einfach.

Unsere Wohnung befand sich in der 30. Etage im East River Tower unweit von Harlem. Sie gehörte bis vor kurzem einem unserer Offiziere im besonderen Einsatz (OibE), der zurückgezogen werden musste. Wir vermuteten nicht grundlos, dass sie verwanzt war, hatten aber nicht mit richtigen Wanzen und Schaben gerechnet. Meine Frau Christl kaufte umgehend in der nächsten Drogerie chemischen Keulen, um das lästige Viehzeug zur Strecke zur bringen. Als nicht minder störend erwies sich die Klimaanlage, die wir, um in den Schlaf zu kommen, kurzerhand ausschalteten. Das sollte sich als Fehler erweisen. Schon bald erwachten wir schweißgebadet in unseren Betten und flüchteten unter die Dusche.

Kaum dass wir uns hingelegt hatten, schellte das Telefon. Ich nahm den Hörer ab – niemand schien mich zu wollen. Ich legte auf.

Diese Übung wiederholte sich. Später merkte ich, dass irgendein amerikanischer Dienst, ob CIA oder FBI, dafür zuständig war. In der Regel klingelte zwischen fünf- bis zehnmal in jeder Nacht das Telefon.

Ich ging nicht mehr ran. Die Ignoranz hatte zur Folge, dass wir auch auf nächtliches Klopfen an der Tür nicht mehr reagierten, weil ich das als Element des Psychoterrors verstand. Als einmal »Fire, fire!« gerufen und gegen die Wohnungstür gewummert wurde, drehte ich mich gelangweilt auf die Seite. Bis mich Christl schüttelte. »Das ist doch Georg!«

Ich sprang auf. Vor der Tür stand in der Tat Dr. Georg Schleicher von unserer Vertretung.

Es brannte wirklich im Haus. Die Fahrstühle funktionierten nicht mehr. So liefen wir mit unseren schnell zusammengerafften Habseligkeiten mit anderen Hausbewohnern die dreißig Etagen hinab und sammelten uns unten auf der Straße. Nach zwei Stunden war das brennende Appartement gelöscht und wir konnten zurückkehren.

Mit uns waren auch Bauleute und Sicherheitsexperten aus der DDR in die USA gekommen. Die Vertretung sollte erweitert werden. Das war sinnvoll, denn in der ersten Zeit befand sich der Arbeitsraum, in welchem meist Christl die Mikrofilme von Dokumenten, unmittelbar neben der Sauna im Keller.

Und da meist immer jemand von der Vertretung nebenan schwitzte, taten wir dies gleich mit. Nach den baulichen Veränderungen erhielten wir ein Zimmer neben dem Büro des hauptamtlichen Sicherheitsbeauftragten der Vertretung. Das war wesentlich besser klimatisiert.

Unser Zuhause in der 89th Street befand sich unweit der 86. Straße, einer Einkaufsmeile, und hieß, da dort viele deutsche Geschäfte waren, bei den New Yorkern »Sauerkraut-Boulevard«. Auch für uns waren die deutschen Fleischer der Grund, hier häufiger zu verkehren.

Allerdings gab es auch dort kein Gehacktes. Da keine Fleischbeschauer, wie in Deutschland üblich, das Schweinefleisch nach Trichinen untersuchten, durfte kein rohes Fleisch verkauft werden. Zudem wohnten in der Gegend viele Juden und Moslems, die ohnehin kein Schweinefleisch aßen.

Bald durchschaute ich die Umgangsformen in der UNO. Die meisten, denen man dort begegnete, taten stets busy, sie waren unentwegt beschäftigt und darum in Eile. Das war Selbstschutz. So konnte man nicht für andere als die eigenen Aufgaben herangezogen werden und entging damit der Gefahr, diplomatisches Porzellan zu zerschlagen,weil man sich mit diesem oder jenem eingelassen hatte. »See You later,« hieß die hohle Abschiedsformel, und späteres Nachfragen war hier nicht üblich. Das gehörte nicht zum Stil des Hauses.

Günter Mauersberger von unserer Vertretung führte mich in die Besonderheiten des hier herrschenden Protokolls und in einiges mehr ein. Er war ein exzellenter Diplomat und schien unzählige Sprachen zu beherrschen, zumindest entstand der Eindruck, als er mich in nahezu allen Ausschüssen, Mitglieder des Sicherheitsrates und den wichtigsten Abteilungen des Generalsekretariats vorstellte.

Dabei absolvierte er noch sein eigenes Programm, denn als wir bereits in der Drehtür auf dem Weg nach draußen waren, erkannte er in der anderen einen Menschen, den er offenkundig sprechen wollte.

Er schob mich ins Freie, bat mich zu warten, und drehte weiter. Nach einer Stunde kehrte er erleichtert und lächelnd wieder und meinte, er habe jetzt die Arbeit eines halben Tages erledigt – jetzt könne er meiner Frau und mir noch New York zeigen.

Mauersberger sollte bald nach Kairo versetzt werden und wurde dort der zweite Mann in der Botschaft. Von dort ging er als Botschafter nach Addis Abeba.

Vom Personal unserer Vertretung kannte ich nur wenige. Peter Florin hingegen war mit seit FDJ-Tagen vertraut. Ich hatte ihn in den 50er Jahren einmal zu einem Forum nach Gera eingeladen. Florin war nicht unkompliziert, aber keineswegs unsympathisch. Er hatte, obgleich seit 1954 dem ZK angehörend, in der DDR-Spitze keine Freunde und damit auch keine Hausmacht. Weder Erich Honecker noch Oskar Fischer mochten ihn sonderlich. Und auch Markus Wolf, mit dem er in Moskau im Exil gewesen war, gehörte nicht unbedingt zu den ihm Nahe-

Christl Joachimi in einer Sitzung des 5. UNO-Komitees

stehenden. Nur einmal kamen wir auf meinen Chef Wolf zu sprechen. Er meinte, er wäre wohl der Intelligenteste unter ihnen – wobei er wohl die Führung des MfS meinte –, allerdings habe er eine schwache Stelle: In bezug auf Frauen sei er unberechenbar.

Florin war mit einer Russin verheiratet. Er war mit zwölf Jahren 1933 mit den Eltern in die Sowjetunion emigriert, hatte dort die Schule besucht und sich völlig auf die Verhältnisse dort eingelassen. Seine Frau Edja war Professorin, eine sehr kluge Frau und charmante Gastgeberin. Florins lebten seit 1973 im Malborough-Haus.

Peter Florins Stellvertreter, Dr. Siegfried Zachmann, war die gebündelte Intelligenz in Person, fähig, viele Dinge gleichzeitig zu erledigen. Allerdings hatte er eine kranke Frau. Die Sorge um sie bremste zuweilen seinen Ehrgeiz.

Edja und Peter Florin auf dem Balkon ihrer Berliner Wohnung, 2005

Im Windschatten dieser beiden Persönlichkeiten segelten einige farblose Subalterne. Wie sich zeigte, war keiner aus der Residentur darunter. Dafür hätte ich mich auch bedankt.

Ich selbst wusste die HV A hinter mir, ich hatte auch einen guten Draht zu Außenminister Oskar Fischer, mit dem ich seinerzeit in Moskau ein Jahr die Schulbank gedrückt hatte.

Weitaus schwieriger war mein Verhältnis zu New York. Wenn die USA das Land der unbegrenzten Möglichkeiten war, so konzentrierten sich diese Grenz- und Maßlosigkeiten auf ein paar Quadratkilometern.

Die Nordbronx schien auf einem anderen Planeten zu liegen als die benachbarte Südbronx. Die Westside Manhattans, einst ein Eldorado der Superreichen, verkam im Dreck, allein die an die Eastside grenzenden Viertel zeigten noch, wie sie einst waren.

Auch die Eastside hatte zwei Gesichter. Im Norden, noch ehe Harlem begann, lag Yorkville. Dort lebten gutsituierte Deutsche, Juden und die Creme der UNO-Bürokratie. Im Süden, der Lower Eastside, befand sich der sogenannte Schmelztiegel – dort versuchten die Ankömmlinge Fuß zu fassen. Danach kamen Harlem und Südbronx, menschliche Mülldeponien.

Dennoch mochte ich diese pulsierende Riesenstadt. Ich konnte sie auch deshalb lieben, weil ich wusste, hier nicht meine Tage beschließen zu müssen. Ich konnte mich wieder in meine sozialistische Heimat zurückziehen, wo ich keinen Obdachlosen auf Gullydeckeln oder in Pappkartons begegnete. Wo die Auslagen der Geschäfte zwar nicht so üppig gefüllt waren, aber wo jeder ausreichend zu essen hatte. Wo ich keine Junkies fürchten musste, die es auf meine Brieftasche abgesehen hatten. Es war schön hier – aber wohl auch deshalb, weil nicht für immer.

Im Unterschied zu den meisten New Yorkern schien meine Perspektive sicher.

Peter Florin, Leiter der DDR-Vertretung (Mitte, erste Reihe). Letzte Reihe, rechts außen: Horst Joachimi, 22. Februar 1980. Die DDR führte in jener Zeit den Vorsitz im UN-Sicherheitsrat

Von New York aus durch das Land der gigantischen Gegensätze

Ob wir nun in den Mittleren Westen oder die Ostküste hinunter bis nach Florida fuhren: Das Staunen über Amerika nahm kein Ende.

Es war alles so, wie erwartet, und doch auch wieder ganz anders.

Hatte man einen Ort gesehen, kannte man Hunderte, die genau so ausschauten wie dieser. Außerhalb der weitläufigen Ortschaften aber war die Natur, wie ich sie aus meinen Indianerbüchern kannte. Es hätte mich nicht überrascht, wenn plötzlich ein Gruppe Indianer auf schnellen Mustangs um die Ecke gebogen wäre und unsere Skalps genommen hätte.

Die meisten Städte sind auswechselbar, sie haben kein Gesicht und keine Geschichte. Der Großraum Los Angeles an der Westküste liegt in der Landschaft wie eine Menge aufgeschlagener Spiegeleier, und jedes Eigelb behauptet von sich, Los Angeles zu sein. Im Gegensatz dazu stehen die Städte im Nordosten, die von den Europäern als erste gebaut worden sind. In Massachusetts, New Hampshire und Vermont stießen wir auch auf die Spuren von deutschen Siedlern.

Die Fahrt an der Ostküste der USA hinunter war überall begleitet vom Superreichtum und bitterster Armut. Wir fuhren über Orlando, Fort Lauderdale bis nach Miami Beach. Florida, der Sonnenstaat, hat seine tiefen Schattenseiten, die bis hinein ins politische Leben fielen.

Was wir zuerst erfuhren, nicht Columbus und erst recht nicht Amerigo Vespucci waren es, die dieses Land als erste betraten, sondern Leone. Er gab diesem langen Küstenstreifen den Namen »pascua florida« – »blühendes Ostern.«

In diesem Land des ewigen Frühlings weilten wir Weihnachten 1979 mit unseren Freunden Christl und

Gerhard als uns die Nachricht ereilte, dass die Sowjetarmee in Afghanistan einmarschierte, um das Taraki-Regime zu stützen, dass nach dem Staatsstreich an die Macht gekommen war.

Was wir erst später erfuhren, die USA – immer am Einfluss in Afghanistan interessiert – waren vor der Sowjetunion in Afghanistan militärisch aktiv und hatten die Taliban mit modernsten Waffen ausgerüstet. Der Sicherheitsberater des US-Präsidenten, Brzezinski, prahlte: »Dieses Geheimunternehmen war von uns eine ausgezeichnete Idee. Auf diese Wiese wurden die Russen in die afghanische Falle gelockt.«

Sie hatten sich den intelligenten Führer der Taliban, den Araber Osama bin Laden, ausgesucht. Die Taliban gingen als stärkste Kraft aus dem Krieg hervor, den die Sowjetunion verlor. Verlor sie damals nur diesen Krieg? Nein, er war der Ausgangspunkt des bald folgenden Zerfalls des sowjetischen Imperiums und der Hoffnung einer möglichen weltweiten Abrüstung. Ohne Erhalt des Gleichgewichtes der Kräfte war das nicht mehr möglich und der Rücklauf der Welt in das Zeitalter der kapitalistischen Ausbeutung war nicht mehr zu stoppen. Und übrigens: In den Luxusressorts, die wir in Florida kennenlernten, waren sowohl Osama bin Laden wie auch der spätere afghanische Präsident Karsai auf ihre Aufgaben vorbereitet worden.

Wir fuhren auch nach Washington hinüber, wo uns Horst Grunert erwartete. Der DDR-Botschafter stellte uns einen Mitarbeiter an die Seite, damit uns dieser die Hauptstadt und die Umgebung zeigte. Das im wesentlichen touristische Programm führte uns an den Potomac und zum Landsitz des ersten US-Präsidenten. George Washington hatte auf den Hügeln des Mount Vernon ein zauberhaftes Anwesen am Ufer des Potomac. Der Tabakpflanzer war 1789, als in Paris die Revolution triumphierte, ins Amt gewählt worden, er blieb zwei Legislaturen. Damals besaßen die USA noch ihre Unschuld und waren Vorbild für die Welt.

Das sollte sich schon im nächsten Jahrhundert ändern. Hatten einst die Gründerväter der USA nach dem Grundsatz gehandelt »freundschaftliche Beziehungen mit allen Ländern, arglistige Verstrickungen mit keinem« und wussten sie, dass die fortschrittliche neue Union ihr Schandmal, die Sklaverei, überwinden muss, so war es Lincoln, der die Abschaffung der Sklaverei zum Gesetz erheben ließ und dafür von reaktionären Kräften ermordet wurde. So war es Franklin Delano Roosevelt, der Anfang der 30er Jahre die Politik des »New Deal« (der neuen Verteilung von oben nach unten) anwandte und deshalb als Sozialist verschrien war. In den folgenden Jahren, insbesondere nach dem Zweiten Weltkrieg, übernahm der militärisch-industrielle Komplex das wirtschaftliche Kommando in den USA. Die von Roosevelt begonnene inhaltliche Neugestaltung der US-Beziehungen zur Sowjetunion, die von der Erwartung einer unvermeidlichen liberalistischen Transformation des sowjetischen Kommunismus ausging und eher einer Politik der friedlichen Koexistenz entsprach, wurde aufgegeben und durch eine aggressive militärische Aufrüstung aller nachfolgenden Washingtoner Adminstrationen ersetzt. Was anno 2009 vor Barack Obamas Füßen lag bzw. liegt, ist deren Resultat.

Auf der Rückfahrt kamen wir an einigen Schildern vorbei, die den Weg nach Langley auswiesen. Ohne Scheu gaben sie Kunde, dass sich dort das Hauptquartier der *Central Intelligence Agency befinde.* Keine Schweinerei auf der Welt in den letzten 25 Jahren, an der die CIA nicht beteiligt gewesen wäre. Der weltweit operierende Geheimdienst organisierte Putsche, beseitigte Staatsmänner und andere Persönlichkeiten, die als gefährlich galten. Ihre Agenten waren die Fußtruppen im Kalten Krieg gegen den Realsozialismus – sie waren meine unmittelbaren Gegner.

Wir folgten wie die anderen Touristen der freundlichen Aufforderung zur Besichtigung.

Toll, fand ich, nichts gegen diese Art Freiheit: In Lichtenberg suchte man vergeblich solche Hinweisschilder, die in die Rusche- oder in die Normannenstraße geladen hätten. Ich war gewarnt: Ein OibE meiner Residentur hatte in Norfolk gemeinsam mit anderen Touristen Schiffe der US Navy fotografiert. Die Amerikaner nahmen ihm den Film ab, und richteten eine offizielle Beschwerde an die DDR-Vertretung. Peter Florin war außer sich und nannte den Mann dämlich. Das wollte ich vermeiden. Gleichwohl wollte ich das Hinweisschild ablichten, um es in der Zentrale als Gag zu präsentieren. Als ich später Film und Fotos aus dem Labor in New York abholten, fehlten eben jene Bilder. Ich war offenkundig neu in Langley gewesen. Die Jungs von der anderen Feldpostnummer waren wirklich sehr wachsam und stets sehr entschlossen.

Wieder in der Stadt. Wir besichtigten die Grabstätte J. F. Kennedys auf dem Arlington-Friedhof, dann das Washington-Monument, einen Obelisk. Er ragt wie ein erigiertes Glied in den Himmel, gleichsam als sei der Riese Amerika immer zeugungsbereit.

Nach einem Besuch von Georgetown setzten wir uns allein, entgegen aller Vorschrift, ins Schwarzenviertel ab. Es lag im nordöstlichen Teil der Stadt, nahe dem Kongressgebäude – die andere Welt in der neuen Welt. Statt der üblichen sauberen weißen Einfamilienhäuser strecken sich Reihen schmutziger Mietskasernen und verkommene Häuschen, die allesamt düster dreinblicken.

Da wir schon einmal dabei waren, die Vorschriften zu verletzen, konnten wir auch noch schnell ins benachbarte Virginia fahren. Den Diplomaten wurde abgeraten, die meisten New Yorker unterließen es freiwillig, sich nach Harlem zu begeben. Wer unbedingt dorthin musste, fuhr im Auto mit verriegelten Türen. Harlem war eine Welt der Afro-Amerikaner, eine Stadt in der Stadt. Das gleiche galt für die Bronx, wo die »Chicanos« lebten, Menschen aus Süd- und Lateinamerika und deren Nachfahren.

Unser HSB, der hauptamtliche Sicherheitsbeauftragte der Vertretung, hatte mir mit FBI-Dokumenten über die New Yorker Unterwelt zu beweisen versucht, dass es in Harlem und der Bronx Jugendbanden gäbe, die im Wettbewerb stünden, wer den Kofferraum eines Autos am schnellsten öffnen könne. Der Rekord läge derzeit innerhalb einer Rotphase an der Straßenkreuzung.

Ich lachte darüber. Zu früh. Ich wurde schon bald das Opfer eines neuen Rekordversuchs. Zusammen mit meiner Frau hatten wir den Zoo in der Bronx besucht und stoppten auf der Heimfahrt an einer wenig befahrenen Kreuzung. Zu Hause kontrollierten wir wie stets den Kofferaum und stellten überrascht fest: Er war total ausgeräumt. Selbst unsere Strandliegen waren weg. Es hatte keine andere Möglichkeit für den Diebstahl gegeben als der kurze Halt an der Ampel. Vor der Abfahrt vom Zoo hatten wir alles kontrolliert. Es war den Dieben tatsächlich gelungen, alles ohne jedes Geräusch auszuräumen.

Das war noch vergleichsweise harmlos zu dem, was einem Sekretär der kubanischen Vertretung widerfuhr: Er wurde in der Bronx an der Ampel aus einem neben ihm haltenden Auto erschossen. Es soll eine Aktion der Exilkubaner gewesen sein, so hörten wir.

Harlem hingegen war ein Ghetto mit Charme und gleichzeitig versiegender Menschlichkeit. Man gelangte aus dem nördlichen Central Park dorthin. Harlem war nach dem Kriege die große Hoffnung der Schwarzen. Man hoffte dort von der Konjunktur zu profitieren. »Lieber ein Laternenpfahl in Harlem denn Bürgermeister in einer Stadt des Südens«, hieß seinerzeit die Losung. Die Sehnsüchte und Wünsche erfüllten sich selten, gleichwohl entstand eine funktionierenden Community der Schwarzamerikaner. Sie war der Mittelpunkt des kulturellen und intellektuellen Lebens der Schwarzamerikaner. Kaum eine

Hauptstraße in Harlem existierte, an der es kein Kabarett oder eine andere Unterhaltungseinrichtung gab. Der Satz traf zu: Um das wirkliche Lebensgefühl des Schwarzen Amerika zu begreifen, muss man den Finger an Harlems Puls legen.

Fuhr man den Hudson Richtung Norden, stieß man bald auf das berüchtigte Zuchthaus Sing-Sing. Der Name war eine Verballhornung des Städtchens Ossining. Links der Straße, die immer noch »Broadway« hieß, obwohl schon viele Kilometer von New York City entfernt, erhoben sich am schlammigen Ufer des Hudson Wohngebäude, die zwar noch nicht ganz so herunter gekommen waren wie die in Harlem und der Bronx, aber sie sprachen von nicht geringerer Armut unter den weißen Amerikanern. Verglich man sie jenen Häusern. die man weiter nordwärts auf der rechten Straßenseite sah, wenn die Bäume oder ein offenes Tor zum Park den Blick freigab, so sah man, dass in den USA Himmel und Hölle nicht weit auseinander lagen. Mit dieser Dichte von Leid und Glück konnte man in New York täglich Bekanntschaft schließen.

Eine falsch befolgte Einladung – das merkte ich aber erst später – führte mich in das Reich jenseits der menschlichen Vorstellung. Die Großdynastie des Geldadels hatte sich im State New York ein riesiges, viele Hektar großes, Parkgrundstück errichten lassen. Nach einer guten Fahrstunde ist es erreicht.

Als ich auf dem großen Vorplatz der Zentralvilla keine Autos sah, überfiel mich ein unbehagliches Gefühl. Zunächst beruhigte mich ein Blick auf meine Uhr, es war wohl zu früh. Es wäre dumm gewesen hier zu warten. Das machen hierzulande nur die Fahrer oder Menschen mit niedrigem Selbstbewusstsein. Also entschloss ich mich zum hochherrschaftlichen Portal zu schreiten – wohlbemerkt zu schreiten – denn selbst »gehen« tut hier nur das Dienstpersonal. Es kam mir ein eleganter, schwarzer Boy mit höflicher Zurückhaltung entgegen und schaute mich erstaunt, aber devot an, so dass ich mich dazu durchrang, ihn zu übersehen und durch das Portal der Vorhalle zu schreiten. Es waren nur die großen Augen zu sehen, deren Weiß aussah wie geschälte, hartgekochte Eier und der traurige, offene Mund, der nichts sagte, weil er nicht wusste, was er sagen sollte. Die Situation war ihm neu, das Gelernte und tausend Mal Geübte, passte nicht. Er schwieg. Ich ging nach hinten durch die aristokratische Kühle der Empfangsdiele zur Bibliothek.

Kurz darauf erschien ein Security-Mann und fragte aufgeregt nach dem Anlass, der Einladung und den Papieren. Ein UNO-Wisch verschaffte mir Respekt und eine Verschnaufpause. Der Security-Mann guckte so überrascht wie eben der Boy, ehe er verschwand. Mir war klar geworden, dass man hier den eigenen, privaten Sicherheitsdienst hatte, denn dass FBI wäre anders mit mir umgesprungen. Bald rührte sich wieder etwas und machte mich schon richtig neugierig, was nun weiter geschehen würde. Es war längst klar geworden, dass der Termin des Empfangs ein anderer war. Cool bleiben und abwarten, war die Devise.

Endlich kam jemand näher. Ein großer Kopf, unterhalb des Kinns mit einer schwarzen Fliege geziert, kam zuerst durch die Tür. Dann folgte die Gestalt eines winzigen Männchens. Im Moment dieser hindurchschlängenden Bewegung fiel mir das Bild vom Marder ein, der sich bei der Suche nach einer Bleibe immer darin sicher war: Geht mein Kopf durch, kommt auch der Schwanz rein.

So auch hier, als die ausgestreckte Hand in meiner landete, war auch der Rockschoß durch die Tür. Der persönliche Sekretär erkundigte sich nach den Umständen des »UNO-Besuches.«

Durch den Türschlitz waren die Security-Leute zu sehen. Es folge noch ein Techtelmechtel der Höflichkeiten und der Irrtum, der inzwischen die Telefonleitungen zum Hauptquartier der UNO und des FBI zittern ließ, wurde relativ gelassen »abgearbeitet«. Dennoch war ich mir in diesen Minuten bewusst, dass es von hier bis nach Ossining, dem berüchtigten Zuchthaus Sing-Sing, nur ein paar Kilometer sind.

Heimwärts wurde ich von einer Eskorte FBI-Fahrzeugen begleitet. Sie fuhren mit bis zur Wohnung. Diese lag im 28. Stock des New York Towers am East River, unweit des Hauptquartiers der UNO.

Das FBI liebte solche großen Auftritte.

Einmal gerieten meine Frau und ich tiefer hinein ins verbotene Revier, als erlaubt war. Es geschah an einen ganz normalen Arbeitstag. Wir hatten unsere morgendliche »Andacht« – so nannten wir die tägliche Presseschau und die anschließende Besprechung der Tagesaufgaben – beendet, ich hatte meine Arbeit begonnen: Studium der Post aus der »Zentrale« in Berlin. Das konnte ich nur, wenn ich allein war, denn ich benötigte zum Lesen ein spezielles Lesegerät. Neben allgemeinen Hinweisen und Aufgaben wurde ich dringend gebeten, etwas zu besorgen, was jemand in der DDR brauchte. So etwas kam vor.

Ich machte mich mit meiner Frau auf den Weg, um die Sache zu besorgen. Ich stellte das Auto im Halteverbot ab, setzte aber auf mein Kennzeichen. Es gab eine Vereinbarung zwischen den diplomatischen Vertretungen und den Behörden in New York, Autos mit dem Kennzeichen »DPL« nicht abzuschleppen. Als wir jedoch aus dem Geschäft kamen, war unser Auto spurlos verschwunden. Eine in der Nähe stehende Polizistin bestätigte uns, dass der PKW abgeschleppt worden sei. Wohin konnte sie uns aber nicht sagen.

Die Abstellplätze befanden sich fast ausnahmslos an der West Side von Manhattan, die jenseits der 8. Avenue tiefstes kriminelles Hinterland war. Mit dem Taxi fuhren wir zu einem der großen Stellplätze in der Hoffnung, dort fündig zu werden. Wir baten den Taxifahrer zu warten. Trotz eines in Aussicht gestellten Extra-Trinkgeldes lehnte er das ab. »In dieser Gegend bleibe ich keine Minute stehen«, sagte er, und verschwand. Nach 20 Minuten wussten wir: Fehlanzeige. Die Platzverwaltung saß in einem Minibunker mit Sehschlitzen und weigerte sich, uns Telefonieren zu lassen. Erst als ich meinen UNO-Ausweis durch den Sehschlitz reichte, gewährte man uns Zutritt. Ich erreichte den Nachtdienst der US-Mission. »Kein Problem«, kam die Antwort auf die Schilderung unserer Situation, ich möge meinen Standort angeben und eine Viertelstunde warten.

Nach zehn Minuten klingelte das Telefon und die Mission teilte mit, wo unser Auto zu finden sei und das wir es bei Vorlage des UNO-Ausweises ohne Geldentrichtung auslösen könnten.

Allerdings: Wir bekamen kein Taxi und machten uns notgedrungen zu Fuß auf den Weg.

Ich will es kurz machen: Selten habe ich so um unser Leben gefürchtet wie in jener Stunde. Der Spießrutenlauf zwischen Kriminellen, Nutten und potenziellen Totschlägern trieb uns den Angstschweiß unter die Arme und auf die Stirn. Doch wir erreichten unversehrt eine Bushaltestelle. Alles andere war dann ein Kinderspiel.

Die ganz großen, für das Establishment gedachten Häuser lernten meine Frau und ich auf Kosten Dritter kennen: Einige Male nahmen wir an Empfängen von Bundesaußenminister Hans-Dietrich Genscher im Waldorff-Astoria teil. Der Empfang wurde im Sternensalon gegeben.

Erst aber ging es durch die große Empfangshalle zum Lift. Die Schönen und Reichen der Stadt führten ihre Juwelen aus und zeigten sich gern. Je mehr Klunkern zu sehen waren, desto bedeutender war derjenige, der eingeladen hatte. Die Namen jener, die an Genscher vorbeidefilierten, wurden laut ausgerufen, damit dieser auch wusste, wem er die Hand schüttelte. Das war aber eigentlich unwichtig. »Genschman« pflegte desinteressiert mit glasigen Augen durch einen hindurchzuschauen, um sich schnell dem nächsten zuzuwenden.

»Mrs. und Mr. Joachimi.«

Der Bundesaußenminister streckte die Hand vor, und plötzlich glaubte ich einen Anflug von Irritation zu erkennen. Was war das?

Natürlich, meine Frau. Sie war nicht nur in meinen Augen sehr attraktiv.

Genscher fiel auf einmal aus dem Protokoll und erkundigte sich interessiert nach meinem Befinden und was ich denn als 1. Sekretär der DDR-Vertretung so mache. »Oh, dies und das.«

Dann wurden wir auch schon weitergeschoben in den Saal. Er beeindruckte jeden mit seinem azurblauen Himmel, der von unzähligen goldenen Sternen übersät war. Die meisten warfen den Blick an die Decke. Das war bei diplomatischen Empfängen höchst ungewöhnlich, denn in der Regel suchte die Augen als erstes das Büfett. Deshalb waren viele überhaupt nur gekommen. Das befand

Im Gespräch mit Zehdi Terzi, dem Vertreter der PLO

sich auf der Seite zur Park Avenue. Der Genußmensch Genscher hatte sich nicht lumpen lassen und tief in das Staatssäckel gegriffen. Wie bescheiden nahmen sich da Oskar Fischers Empfänge aus. Sie fanden bei uns im kleinen Saal der Vertretung statt, das Büfett wurde vom hauseigenen Koch bestückt. Dennoch kam man gern zu uns – zu Radeberger Pils und Thüringer Wurst.

Im Saal kam es allmählich zu einer Kreisbewegung wie auf dem Schulhof. Aus diesem Karussell heraus konnte man gut beobachten, wie die unteren Chargen stets in der Nähe des Büfetts blieben, während Karrierediplomaten und Geheimdienstler nach ergiebigen Informationsquellen suchten. Uns war Zurückhaltung auferlegt worden, da weder das deutsch-deutsche Verhältnis noch der Ruf der DDR belastet werden durfte.

Natürlich waren derartige Empfänge ein Eldorado der Geheimdienste, ein fischreiches Gewässer. Die Hechte bissen sich gegenseitig und schnappten sich wechselseitig die Karpfen weg.

Doch auch im UNO-Hauptquartier fanden interessante, ergiebige Begegnungen statt. Es gibt sicher keinen zweiten Ort auf der Welt, wo man derart konzentriert so viele Begegnungen mit Menschen fast aller Nationen haben kann. Eine ganz besonders beeindruckende Begegnung hatte ich einmal im Palästina-Ausschuss. Der Vertreter der PLO bei der UNO, Zehdi Labib Terzi, war eine überragende Persönlichkeit. Terzi war engagiert in seiner bzw. ihrer Sache, er brannte geradezu lichterloh und war von früh bis spät auf der Suche nach Lösungen. Obwohl fast alle westlichen, pro-israelischen UNO-Vertreter es tunlichst vermieden, Gespräche mit der PLO zu führen, konferierten sie mit Terzi. Stück um Stück brach er damit aus der Blockade-Mauer, die insbesondere die USA errichtet hatten. Ab und an gelang es, eine Resolution gegen Israel im Sicherheitsrat durchzubringen, weil die USA auf ihr Veto verzichtete und sich nur der Stimme enthielt.

Von den afrikanischen Vertretern sind mir besonders Salim Salim aus Tansania, der nach Kurt Waldheim fast Generalsekretär der UNO geworden wäre, Paul Lusaka und Frau Gwendoline Konie aus Sambia sowie Abraham Doukouré, mit dem mich bald eine feste Freundschaft verband, im Gedächtnis geblieben. Der Mann aus Guinea wurde Botschafter in Kanada. Er war ein glänzender Repräsentant seines Landes und seines Kontinents.

Ein Unikum und politisches Phänomen stellte der Vertreter Saudi Arabiens dar. Jamil Baroody war er eigentlich Libanese. Er tauchte urplötzlich auf, auch wo er weder erwartet worden noch gern gesehen war. Er lief, mit den Händen in der Tasche, umher, marschierte durch den Sitzungssaal und verschwand dann wieder. Gespräche mit ihm waren stets anregend und vergnüglich. Als er starb, trauerten alle um ihn, die ihn kannten.

Jonny Makatini, ein junger Vertreter der afrikanischen UNO-Generation, vertrat die Interessen des ANC Südafrikas. Er war allein und musste gleichzeitig auf verschiedenen Hochzeiten tanzen. Er litt sichtlich unter der zögerlichen Haltung der UNO, die von ihr selbst gefassten Beschlüsse gegen das Apartheid-Regimes auch durchzusetzen.

Sam Nujoma, Chef der SWAPO, später Präsident Namibias, lernte ich dadurch kennen, dass mich Peter Florin beauftragte, den Kopf der südwestafrikanischen Befreiungsbewegung zu einem Gespräch in die DDR-Vertretung zu bewegen. Von Nujoma war bekannt, dass er eine ausgemachte Frohnatur war (man sah ihn selten ernst) und sich rasch ablenken ließ. Bei den Beratungen im Sicherheitsrat interessierte er sich mehr für die Schönheiten als für die Schönheit mancher Rede. Wenn das Gespräch mit Florin also ein Resultat bringen sollte, war vorher sicherzustellen, dass in dieser Zeit kein Frau das Büro betrat. Auch diplomatisch war Nujoma eine schwere Nuss. Auf der einen Seite versicherte er sich des politischen Beistandes der sozialistischen Staaten, auf der anderen Seite wusste er, dass eine ökonomische Unterstützung nur der Westen leisten konnte. Daher stand ihm die BRD näher als die DDR. Allerdings engagierte sich die Bundesrepublik für die Ablösung der UNO-Treuhandschaft durch die sogenannte Turnhallen-Alliance, mit der wiederum die SWAPO nichts im Sinn hatte.

Gleichwohl wollte Nujoma wie das Bonner Auswärtige Amt deshalb auf ihre guten Beziehungen nicht verzichten. Würde jedoch der SWAPO-Chef bei uns vorstellig werden, könnte dies einen Schatten auf diese Verbindung werfen. Der war sich dessen bewusst und taktierte.

Ich tat es auch.

Ich bat Nujoma zu einem Drink ins »La Petit Marmit«, dem »Kleinen Töpfchen«, um mit ihm einige Dinge zu besprechen. Zu den Wahlen in Namibia wollte die UNO Wahlhelfer entsenden, darunter auch welche aus der DDR. Dies wäre ein Thema, über das man reden konnte.

Schließlich kam es auch zu einem zweistündigen Gespräch mit Peter Florin.

Daran nahm Nujomas offizieller UNO-Repräsentant Ben Guriab nicht teil, worüber ich sehr froh war. Es gab ernstzunehmende Hinweise, dass die Amerikaner ihn gekauft hatten. Er leistete sich plötzlich einen Lebensstil, den das schmale Budget seines Landes nicht gestattete. Guriab war nicht der erste Fall, wo es den amerikanischen Diensten gelungen war, einen potenziellen Gegner durch Korruption auszuschalten.

Eine andere probate Methode war die Erpressung. So war man beim ranghöchsten Vertreter der UdSSR bei der UNO, Arkadi Schewtschenko, verfahren. Man hatte dem stellvertretenden UNO-Generalsekretär eine Frau ins Bett gelegt, die Androhung seiner Kompromittierung ließ ihn zum Verräter werden. Das hatte weitreichende Folgen. Seine Frau, eine ehemalige Schauspielerin, sehr attraktiv, wurde herzkrank, für Schewtschenko jr. war die Diplomatenkarriere beendet, ehe sie richtig begann. Eine ganze Reihe Mitarbeiter des KGB musste abgezogen werden.

Vor diesem Hintergrund agierten die beiden deutschen Vertreter Peter Florin und Rüdiger von Wechmar. Berlin und Bonn hatten sich verabredet, die deutsch-deutschen Querelen nicht auf dieser Bühne auszutragen. Daran hielten sich beide Seiten bis 1989.

Niemand in der UNO zweifelte auch nur einen Augenblick daran, dass hier zwei souveräne Vertreter verschiedener Staaten wirkten. Die Berührungsängste bei Peter Florin rührten mehr von der zu Hause entstandenen innenpolitischen Situation, der er Rechnung zu tragen hatte. Trotzdem gelang es ihm, das Amt als Präsident der Vollversammlung trotz Grundsatztreue mit großem Spielraum auszuüben.

Von sehr großer Hilfe waren ihm sowohl Dr. Harald Rose, der während der Vollversammlungen in New York weilte, wie auch Dr. Siegfried Zachmann, der Stellvertreter Florins und exzellente UNO-Fachmann.

War Zachmann der Mann, der alle UNO-Resolutionen im Kopf hatte und fähig war, ad hoc sofort jeden beliebigen Ausschuss der UNO zu leiten, so war Dr. Rose der eigentliche Kopf der DDR-Delegation. Seine Anwesenheit in New York war immer ein großer Gewinn. Florin wusste das zu nutzen, seinen größten Auftritte in der Zeit der UNO-Vollversammlung waren stets Beratungen mit Dr. Rose vorausgegangen.

Rüdiger von Wechmar war ein eleganter Mann, der auch so wirken wollte. Meist hatte man den Eindruck, dass er seine Auftritte vorher einstudierte. Im Unterschied zu Florin trat er häufiger in den Ausschüssen der UNO in Erscheinung. Dort hatte er durchaus gewisse Ähnlichkeit mit dem legendären Baroody. Mit seinem auffälligen Pfeifenritual machte er deutlich, was er gerade vom Verlauf der Sitzung hielt. Einmal fiel er mir besonders auf. Bei einer abends einberufenen Sitzung des Weltsicherheitsrats dehnten die älteren Herren im Rat ihre Scheingefechte ungebührlich aus. Von Wechmar, neben mir sitzend, stopfte sich eine Pfeife nach der anderen. und sah träumerisch den Rauchringeln nach. Das war derart beeindruckend, dass ich mich ablenken ließ. Auch der parfümierte teure Tabakrauch löst eine unwiderstehliche Lust aus. Die bösen Folgen: Ich hatte die Sitzung nicht verfolgt, wusste nicht, was ich in das obligatorische Telegramm an das Außenministerium schreiben sollte und wurde obendrei gegen meine Überzeugung selbst zum Pfeifenraucher.

Jahre später habe ich das bereut, als ich ernstliche gesundheitliche Probleme bekam. Die Lehre: Man darf das Pawlowsche zweite Signalsystem nicht ohne strikte Kontrolle über sich ergehen lassen.

Einen anderen Reinfall, den ich in jener Zeit erlebte, will ich nicht unterschlagen. Es war ein angenehmer Septembertag, und ich machte meine Hausaufgaben in unserer Vertretung, als ich vom Einlassdienst die Nachricht erhielt, dass zwei Vertreter aus Namibia um ein Gespräch nachsuchten. Das war zwar ungewöhnlich, da man sich meistens in der UNO traf, doch ich ließ sie hochkommen.

Allerdings waren es keine Abgesandten der SWAPO, an die ich zunächst dachte, sondern der sogenannten Turnhallen-Alliance, jener prowestlichen Vereinigung. Die beiden hatten sich verlaufen. Eigentlich suchten sie die Vertretung der BRD. Das merkten sie aber erst nach einer Weile. Zum ersten Mal in meinem Leben fiel mir auf, dass Schwarze rot werden können.

Die UNO-Diplomatie verlangt die Freundlichkeit bis zum bitteren Ende. Wir wandelten das politische Gespräch in einen gefälligen Smalltalk. So blieben wir trotz politischer Gegensätze unserer Auffassungen zur Lösung der Namibiafrage während der Zeit der UNO-Vollversammlung befreundet.

Das Leben in der UNO hatte eine Eigendynamik, die es mit sich brachte, dass nicht nur eine, »alphabetische Nähe« zwischen den Repräsentanten der beiden deutschen Staaten bestand. Ich erinnere mich an eine Begebenheit, wo ich mit dem BRD-Vertreter auf der gleichen Bank »Schularbeiten« machte. Es war Usus in der UNO, dass während des Verlaufs der Debatten zur Vollversammlung wenigstens ein Staatenvertreter vor Ort sein musste. An jenem Tag, von dem die Rede ist, hatte ich für die DDR und Herr Flittner für die BRD diesen »Dienst«.

Der Sinn dieser »Schularbeit« bestand darin, dass man bei einer scharfen Kritik am eigenen Staat sofort mit einem *right of reply* zu reagieren hatte, weil ohne Wahrnehmung dieses Anspruches einerseits keine Erwiderung nach Schluss der Debatte möglich war und andererseits der Eindruck entstehen konnte, dass man die Kritik akzeptiert habe.

Flittner bat mich, weil er mal auf die Toilette musste, während seiner Abwesenheit die Interessen der Bundesrepublik wahrzunehmen.

Ich tat ihm jedenfalls den Gefallen.

Ich vertrat die DDR auch im *Committee on the Exercise of the Inalienable Rights of the Palestinian People*, kurz Palästina-Ausschuss. Die BRD, ganz in ihrer »historischen Doppelhaltung« verharrend, wollte nicht Mitglied des Ausschusses sein, schickte aber ab und an einen Beobachter. Selbstverständlich waren auch wir gegen alle extremistischen Ansichten der PLO für das uneingeschränkte und unbedrohte Existenzrecht Israels, wie es in der Resolution 242 festgeschrieben war. Im Unterschied zur BRD plädierten wir aber auch für das unveräußerliche Recht des palästinensischen Volkes auf Souveränität, Unabhängigkeit und der Bildung eines eigenen Staates auf eigenem Territorium. So war es auch im genannten Teilungsbeschluss 181 vorgesehen. Dieser kam zwar auf der Grundlage der zionistischen Konferenz 1942 in New York zustande, wo die Errichtung eines jüdischen Staates in Palästina gefordert wurde, fand aber im Beschluss 181 der UNO-Vollversammlung von 1947 jene moderate Aussage, die es eben auch dem palästinensischen Volk ermöglichte, einen eigenen Staat auf eigenen Territorium zu errichten. Die nachfolgende Geschichte war voll blutiger Kriege. Die Palästinenser wurden ins Exil getrieben. Die von der BRD zu jener Zeit unterstützte Politik des Likud-Blocks führte an den Rand der physischen Vernichtung des palästinensischen Volkes. Heute wissen wir, wie recht die DDR mit ihrer Nahostpolitik hatte.

Noch viel klarer bestätigt sich bei der Lösung der Namibia-Frage, wie recht wir damals hatten bei der Unterstützung der SWAPO unter Sam Nujoma, während die BRD mit allen Mitteln die Turnhallen-Alliance unterstützte. Auch der Umgang Bonns mit dem südafrikanischen ANC war von tradierten Ressentiments bestimmt. Erst als die Apartheid fiel und sich abzeichnete, dass Nelson Mandela – der fast drei Jahrzehnte inhaftiert war – zum weltweit verehrten Präsidenten des neuen Südafrika wurde, schwenkte man um.

In Äthiopien aber sollten wir uns mit unseren Prognosen und Erwartungen täuschen. Wir waren der Überzeugung, dass der Sozialismus auch in Afrika den historischen, nationalen und sozialen Bedingungen entspreche. Zumal Staaten mit dieser Entwicklung einen Bundesgenossen in Gestalt des Realsozialismus an seiner Seite hatte.

Doch wir überschätzten unsere Möglichkeiten: Wir konnten zwar Waffen liefern, nicht aber jene Lebensmittelmengen, um Hungersnöte abzuwenden. In den 70er, Anfang 80er Jahre glaubten wir, dass Äthiopien unter Mengistu Heile Mariam auf dem Kontinent mit unserer Hilfe eine Pionierrolle spielen könnte.

Ein Auftrag der UNO führte mich im September 1978 nach Addis Abeba, wo ich die Situation vor Ort kennenlernte. Zuvor war im Antiapartheid-Ausschuss erregt debattiert worden, wer das Mandat für eine dort stattfindende Regionalkonferenz wahrnehmen sollte. Der Ausschussvorsitzende, Harryman aus Nigeria, selbst wollte nicht, weil die meisten afrikanischen Staaten den Kongress sabotierten. Einen Vertreter der Sowjetunion zu benennen, wäre auch nicht gut gewesen. Man hätte das so oder so als falsches Signal verstehen können.

Harryman schlug darum einen deutschen Vertreter vor, nämlich mich.

Berlin freute sich über die nach mehrstündiger Debatte getroffene Entscheidung, war aber dagegen, dass der Flug mich über Frankfurt am Main führte. Mit Verlaub: Ich reiste im Auftrag der UNO und konnte auf derart kleinkarierte Vorbehalte keine Rücksicht nehmen.

In der Mainmetropole, die ich mit einem Jumbo bequem erreicht hatte, bestieg ich anderentags ein Flugzeug der äthiopischen Luftverkehrsgesellschaft. Dabei handelte es sich, wie sich bald herausstellen sollte, um einen sogenannten Lumpensammler, der auf diversen Flugplätzen Passagiere aufnahm. Wir machten Station in Athen und Kairo. Dann ging es nach Khartum, wo die Maschine stundenlang in glühender Hitze stand. Von der Hauptstadt des Sudan flogen wir in die Hauptstadt Nigerias, und von Lagos flog die Maschine endlich nach Addis Abeba.

Die Rede, die ich auf der Konferenz halten wollte, hatte ich in New York mit Mr. Harryman durchgesprochen. Was mich sonst noch auf der Konferenz überraschen würde, wusste ich nicht.

Die erste Überraschung traf mich auf dem Flugplatz. Eine Militärkapelle schmetterte zur Begrüßung schräge Töne in die Luft. Da ich der einzige war, der ausstieg, konnte das nur mir gelten.

Zu allem Überfluss musste ich noch eine Ehrenkompanie abschreiten und im Flughafengebäude eine Pressekonferenz geben. Die Anwesenheit eines UNO-Vertreters wollte Addis Abeba, was völlig legitim war, zur eigenen internationalen Aufwertung nutzen. Wie sich herausstellte, hatte man aufgrund meiner Verspätung sogar den Beginn der Konferenz verschoben.

Im UNO-Informationsdienst in englischer Fassung las ich später, was ich in meinem eher mäßigen English gesagt hatte oder haben sollte: »Mr. Joachimi said, the conference was being held at a time of great change, when the people of Africa were determined to end once and for all the most inhuman chapter of their history, a chapter of colonial opression on whole continents. The elimination of imperialism and reaction such as the rassist regime in South Africa has become the main task of our time.«

Am Abend erhielt ich von der Konferenzleitung meine Teilnehmerplakette mit der Nr. 270, die aus Sicherheitsgründen stets am Jackenrevier zu tragen war. Während alle Staatenvertreter die hinter ihren jeweiligen Hoheitszeichen aufgestellten Stuhlreihen voll in Beschlag nahmen, saß ich allein auf sechs reservierten UNO-Stühlen.

Die offizielle DDR-Delegation, die mir gegenüber saß, war groß genug, um alle Plätze zu belegen. Außer ein paar Gesprächen während des Empfangs im Kaiserpalast hatten wir nichts miteinander zu tun.

Untergebracht war ich im Sheraton Hotel, wo ich auch die meisten Kontakte knüpfen konnte, die für mich von Bedeutung waren. Eine sehr angenehme Beziehung wurde durch eine Artischocke, mit der ich nicht so recht fertig wurde, eingeleitet. Mein Tischnachbar bemerkte meine Unbeholfenheit und gab mir dezente Hinweise, um mit der Knospe fertig zu werden. Darüber kamen wir ins Gespräch.

So erfuhr ich, dass der siegreiche Aufstand Mengistus gegen Kaiser Selassie mit Hilfe Israels organisiert worden war. Der israelische Geheimdienst Mossad lieferte Logistik wie Waffen.

Das allein war es aber nicht, was mich überraschte.

Inzwischen kämpfte der Norden gegen die Zentralgewalt. Eritrea gehörte seit 1952 gemäß UNO-Beschluss zu Äthiopien. Die dortige Befreiungsbewegung hatte Haile Selassie bekämpft, nun kämpfte sie gegen Mengistu. Und zwar mit Waffen der PLO.

Also, obwohl ich wegen der Konferenz gekommen war, zog mich zunächst die »äthiopische Frage« in ihren Bann, die ich zuvor nur am Rande des großen Geschehens wahrnahm. Äthiopien war nie Kolonie. Erst 1935 wurde es vom faschistischen Italien überfallen und besetzt. Nur in dieser Zeit bis 1941 gab es einen fremden Kaiser, den italienischen König, der sich Kaiser von Äthiopien nannte. Insofern waren die Anhänger Mengistus erstaunlich geschichtsbewusst. Mengistu fasste so im Volke Fuß, obwohl ihm Widerstand entgegengesetzt wurde. Mit gewaltigem politischen Einsatz gegen das alte Regime hatte er Mitte der 70er Jahre des vorigen Jahrhunderts das Volk elektrisiert. Kaum aber war Äthiopien von der Herrschaft des Kaisers befreit, verlangte Eritrea nach 30-jährigem Befreiungskampf – einst italienische Kolonie, danach vom kaiserlichen Äthiopien annektiert – unter Führung der einst marxistisch auftretenden Eritreischen Volksbefreiungsbewegung (EPLF) die Unabhängigkeit. Mengistu hatte nach der siegreichen Revolution von 1974 versucht, einen gesamten, zentralen demokratischen Staat zu schaffen. Diese Bewegung wurde von den damaligen sozialistischen Staaten unterstützt. Namentlich Werner Lamberz setzte sich damals mit einer DDR-Initiative für eine Lösung ein. (Dazu führte er auch Gespräche mit der PLO, Libyen und Jemen.) Im Juni 1978 fand das dritte und letzte Treffen von Vertretern der PMVR Äthiopiens und der EPLF Eritreas statt. Durch maximale Vorbedingungen beider Seiten wurde der von der DDR angestrebte Kompromiss verhindert. Lamberz kam in dieser Mission 1978 beim Hubschrauberabsturz in Libyen ums Leben. Die Fortsetzung der Mission hätte trotzdem zum Erfolg

Als einziger UNO-Vertreter bei der internationalen Konferenz im September 1978 in Addis Abeba

führen können, hätte Moskau mit dem Afghanistankonflikt nicht längst andere Interessen gehabt. Mengistu Mariam hatte inzwischen, wie es schien, die Unterstützung der meisten afrikanischen Staaten verloren. Fidel Castro, der ebenfalls zur Konferenz gekommen war, leistete inzwischen massive militärische Unterstützung.

Gekommen war auch Robert Mugabe. Es war noch nicht absehbar, wer der kommende starke Mann in Simbabwe sein würde. Er, der füllige Joshua Nkomo oder Bischof Abel T. Muzorewa. Ich hatte alle drei in verschiedenen Veranstaltungen bei der UNO kennengelernt. Der größte Agitator war zweifelsfrei Muzorewa. Seine religiös verbrämte Demagogie war leicht durchschaubar, daher gewann er weder in seiner Heimat noch in der UNO Mehrheiten. Nkomo gefiel mir, obgleich die sozialistischen Länder auf ihn setzten, genauso wenig. Er war arrogant und lief von früh bis spät mit einem goldenen Stab herum, was mich an Hermann Göring erinnerte.

Ganz anders Robert Mugabe,der zwar im chinesischen Outfit auftrat, aber mit leisen Tönen für Aufsehen sorgte. Mengistu hatte sich den richtigen Mann eingeladen.

Auch die Anwesenheit hoher Vertreter von Tansania und Sambia war für Mengistu von großer Bedeutung.

Ich selbst fiel nur dadurch ins Gewicht, dass ich die Weltorganisation repräsentierte, wenngleich auf der untersten protokollarischen Ebene. Auf seine Weise machte Mengistu jedoch klar, dass der Weg Äthiopiens von der Weltorganisation unterstützt würde. Ich selbst konnte insoweit etwas dazu beitragen, dass ich in meiner Rede, die von grundsätzlich antiimperialistischer Stoßrichtung war, die Rolle Äthiopiens in diesem Kampf hervorhob. Nach meiner Rückkehr, während einer Sitzung des UNO-Ausschusses, wurde ich dafür vom Vertreter Somalias kritisiert.

Auf der Konferenz gefeiert wurde Fidel Castro. Er galt quasi als Garant für die Befreiung Afrikas. Gleichwohl betrachteten nicht wenige afrikanische Führungen diese Entwicklungsrichtung kritisch.

Längst hatten sich in Afrika eigene Vorstellungen vom Sozialismus entwickelt, deren Wortführer Tansania und Sambia waren. Nyrere und Kaunda sahen die Grundlage des modernen afrikanischen Sozialismus in der historisch entstandenen und bewährten afrikanischen Stammesgemeinschaft, während Mengistu auf eine straffe Zentralgewalt setzte.

Es ist leider alles gescheitert. Afrika wurde von den mächtigen kapitalistischen Ländern wieder zurück in den Neokolonialismus geführt. An Mengistu und seinem Versuch arbeitet man sich ab, als wäre das Äthiopien Mengistus die afrikanische DDR gewesen. Was richtig daran ist, man erinnert sich mit Sehnsucht daran. Ich habe später keinen getroffen, der nach dem Sturz des Kaisers Selassie die Monarchie zurückgewünscht hätte. Im Gegenteil. Ich hatte viele Gelegenheiten mit Vertretern vom »Horn Afrikas« zu sprechen und erfuhr, dass die Erinnerung an Mengistu, der im Exil in Simbabwe lebt, immer lebendiger wird. Überall in der Welt, wo der Sozialismus zu einer Realität geworden war, erinnern sich zunehmend die Menschen seiner sozialen Gerechtigkeit, der Solidarität und der Freiheit von Korruption und gesellschaftlicher Intrige. In Ostdeutschland sind es zur Zeit 50 Prozent der ehemaligen DDR-Bürger. Ein Zeichen?

Ich flog über Paris nach New York zurück. Dort beschäftigte sich der Palästina-Ausschuss mit dem sogenannten Camp-David-Abkommen. US-Präsident Carter hatte Israel und Ägypten an einen Tisch geholt, um mit deren beiden Führern das Palästina-Problem zu lösen. Über die Köpfe der Palästinenser hinweg.

Selten sah ich den sonst so abgeklärten PLO-Vertreter Terzi derart verärgert wie nach diesem – seiner Auffassung nach – Verrat des ägyptischen Präsidenten Sadat. Der Schritt der Carter-Regierung führte zu erheblichen Unruhen mit personellen Konsequenzen. Nicht nur, dass Dayan kurzfristig in Israel die Regierungsgeschäfte übernehmen musste. Die jüdische Lobby in Amerika veranlasste die US-Regierung zu Treueschwüren gegenüber Tel Aviv. Carter musste einen Sonderbotschafter benennen. Eine Tagung des Palästina-Ausschusses jagte die nächste. Ich sah nahezu täglich Zehdi Labib Terzi oder seinen Stellvertreter Abdal Rahman. Sie waren ausgesprochene Kontaktgenies und hatten alle ihre Beziehungen mobilisiert. US-Außenminister Henry Kissinger hatte sich dagegen ausgesprochen, dass die PLO als Repräsentant des palästinensischen Volkes anerkannt würde. Doch der US-Vertreter in der UNO hielt sich nicht daran. Andrew Young traf sich im Haus des UNO-Botschafters von Kuwait mit dem Vertreter der PLO, um das weitere Vorgehen im Sicherheitsrat zu sondieren.

Das wurde ihm zum Verhängnis. Das FBI schnitt das Gespräch widerrechtlich mit und spielte es den Israelis zu.

Tel Aviv forderte Youngs sofortige Abberufung und kam damit in Washington durch.

In jenen Tagen und Wochen hatte ich auf meinen beiden Tätigkeitsfeldern einiges zu tun und war hinlänglich ausgelastet. Da ereilte mich eines späten Abends ein Anruf. Eine Delegation des Weltfriedensrates, dem auch DDR-Vertreter angehörten, besuchte New York und wollte nach Chicago weiterfliegen. Zu den Obliegenheiten unserer Vertretung gehörte auch die Betreuung von Besuchern aus der DDR. Der aufgeregte Anrufer teilte mir mit, dass der Leiter der DDR-Abordnung von einem Abendausflug nicht zurückgekehrt sei. Zu allem Ärger handelte es sich um Honeckers Schwager.

Ich fuhr sofort zum Hotel und traf dort seine äußerst besorgte Dolmetscherin, die, wie es schien, dem ZK-Funktionär nicht nur zum Dolmetschen an die Seite gegeben worden war. Morgens gegen 3 Uhr fuhr ein Yellow Cab vor. Ihm entstieg, sichtlich vergnügt, der vermeintlich Abgängige. Mit eindeutiger Geste verabschiedete er sich von einer schwarzen Schönheit auf dem Rücksitz des Wagens.

Der Mann verstand unsere Aufregung nicht und ließ sich weder zu einer Erklärung oder gar Entschuldigung hinreißen. Er ließ uns einfach stehen.

Wenige Stunden später saß ich wieder im Palästina-Ausschuss.

In Tel Aviv hatte der von einer Herzattacke genesene Begin die Regierungsgeschäfte wieder übernommen. Moshe Dayan, nun wieder Außenminister, trat vom Amt zurück, weil er Begins harte Linie nicht mittragen wollte. Dayan, der wegen seiner Augenklappe oft *Kutusow des Nahen Ostens* genannt wurde, war gegen seinen Ruf als harter Militär offen für eine Friedensregelung im Nahen Osten. Er war sogar mit Zugeständnissen an die palästinensische Seite einverstanden.

Dayan sollte schon bald an Krebs sterben.

Grenada wartete mit einer verblüffenden Initiative auf. Es beantragte die Einrichtung einer von der UNO finanzierten Weltbeobachtungsstation für UFOs. Man legte Dokumente vor, die belegen sollten, dass über diese Insel in der Karibik besonders viele unbekannte Flugobjekte segelten. Es handelte sich natürlich um den Versuch, zu ein paar Millionen Dollar zu kommen. Die Absicht wurde rasch durchschaut.

Vorgänge wie diese, von denen es nicht wenige gab, fanden natürlich nie oder selten Eingang in die Weltpresse. Das Hauptaugenmerk richtete sich auf die beiden Supermächte USA und UdSSR und deren Umgang. Dieser bestimmte das politische Klima, die Großwetterlage.

Trotzdem bemühte sich die UNO um Eigenständigkeit. Das gelang ihr in bestimmten Bereichen durchaus. Ohne das Engagement der UN wäre beispielsweise der Befreiungskampf der afrikanischen und arabischen Völker nicht ins Licht der internationalen politischen Szene gerückt worden und manche politische Intrige wäre vertuscht geblieben. Es ging stets in der UNO darum, einen friedlichen Ausgleich legitimer Interessen herzustellen, an dem sich die Staaten der Welt beteiligen konnten. Das schloss die gemeinsame Suche nach Kompromissen ein.

Wie kritisch man die innere Entwicklung in den sozialistischen Staaten auch betrachtete: Ihre Existenz und ihre internationale Politik haben vornehmlich in den 70er und 80er Jahren zum Abbau der Spannungen und Schlichtung von Konflikten beigetragen. Der Krieg war als Mittel internationaler Politik weitgehend geächtet und erledigt.

In den rund fünf Jahren meiner Tätigkeit bei der UNO wurden wiederholt Entscheidungen getroffen, die weder hauptsächlich den Interessen der Sowjetunion noch denen der USA entsprachen. Damit mussten damals die Großmächte leben. Allein der Streit um die allgemeinen Menschenrechte und deren Einhaltung machte deutlich, dass keine Seite ihre Auffassung durchsetzen konnte und dafür auch keine Mehrheiten gewann. Während die sozialistischen Staaten und ein Großteil der Länder der Dritten Welt die Freiheit der Menschen als ein gesellschaftliches Problem sahen, stellten die USA und ihre Verbündeten die individuelle Freiheit in den Mittelpunkt der Betrachtung.

Zudem war die Debatte um die Menschenrechte auch ein Schlachtfeld des Kalten Krieges. Ihre Definition waren ideologische Instrumente im Kampf um die Meinungsführerschaft. Den Staatenvertretern in der UNO gelang es nur mit größter Mühe, vage allgemeine Rechte in Deklarationen und Menschenrechtspakte einzuführen. Nur insoweit kann davon die Rede sein, dass die Vereinbarungen zu den Menschenrechten eine Art Konkretisierung des Freiheitsbegriffes unserer Zeit wurden. Der Fortschritt bestand darin, dass sie Freiheit und Verantwortung verbanden und einer willkürlichen Interpretation wenig Raum gaben.

Bei dieser Sicht blieb folglich unberücksichtigt, dass in vielen Staaten wie bei uns in der DDR die politischen Individualrechte eingeschränkt waren.

Allerdings machten die Menschenrechtsvereinbarungen auch deutlich, dass die Gewährung aller Freiheitsrechte gleichbedeutend war mit einer zügellosen Entfaltung des Großkapital. Es ließ sich angesichts der Millionen Arbeitslosen in der kapitalistischen Welt kaum von einer uneingeschränkten Gewährleistung der Menschen- und individuellen Freiheitsrechte reden. Wer keine Aussicht auf einen Job hat, kein Obdach besitzt und auch keine Perspektive auf ein menschenwürdiges Leben war und ist unfrei. Erst wenn ausreichendes Vermögen ein gesichertes Dasein garantiert, mithin nur ein geringer Teil einer Bevölkerung sich frei und unbeschwert entfalten kann, muss von einer Beschränkung der Freiheitsrechte für den Rest ausgegangen werden. Die Menschrechtskonvention, damals mit Ausnahme der USA von allen

UNO-Staaten unterzeichnet, untersagte ausdrücklich die Diskriminierung aus politischen Gründen.

Handelt es sich aber nicht um politische Diskriminierung, wenn in der heutigen Bundesrepublik viele Ostdeutsche aufgrund ihrer Tätigkeit für die DDR gesellschaftlich ausgegrenzt und geächtet werden?

Ihnen wird der Zugang zu Ämtern und Funktionen verweigert, sie werden schlechter entlohnt als ihre westdeutschen Kollegen oder mit einer sogenannten Strafrente bedacht. Die gleiche Vehemenz, mit der seinerzeit der Westen die Einhaltung der Freiheit- und Menschenrechte im Osten einforderte, wünschte man sich auch heute. Dass dies unterbleibt, unterstreicht einmal mehr, dass der Westen die seinerzeitige Debatte einzig aus ideologischen Gründen und nicht aus den vorgeschützten Gründen führte: Es ging nicht um die Durchsetzung universell geltender Rechte, sondern einzig und allein um die Diskreditierung der Gegenseite.

Wenn die UNO – insbesondere ihr Sicherheitsrat – auch einen Ausgleich der Kräfte insbesondere zwischen den USA und ihren Verbündeten einerseits und der Sowjetunion mit ihrem Weltlager andererseits herzustellen versuchte, wurde uns damals schon klar, dass es ohne weitere Demokratisierung nicht gehen wird. Der UN-Sicherheitsrat musste der internationalen Entwicklung Rechnung tragen durch eine erweiterte Mitgliedschaft. Bereits damals wurde zunächst eine Erweiterung des Sicherheitsrates durch zehn nichtständige Mitglieder des Rates beschlossen. Noch hatten sie aber nicht die gleichen Rechte wie die fünf ständigen Mitglieder des Sicherheitsrates. So unterlagen auch große, einflussreiche Länder wie Brasilien, Indien u. a. dem Rotationsprinzip und hatten kein Vetorecht.

Nunmehr aber, nach »tektonischen Verschiebungen« der Weltordnung mit kurz – und mittelfristigen Konsequenzen (Krise des Multilateralismus mit einem Vakuum in der Führung der internationalen Institutionen oder den Auswirkungen des Klimawandels mit daraus entstehenden neuen Verteilungskonflikten) steht die UNO vor notwendigen Reformen. Die weltweite Wirtschafts- und Finanzkrise und der G20-Gipfel in London 2008 weisen auf die unausweichliche Strukturreform der kapitalistischen Gesellschaft hin. Hätte diese Welt einen subjektiven Faktor mit internationaler Deutungshoheit, hätten wir eine reife revolutionäre Situation im Weltmaßstab. Die Kraftlosigkeit dieser revolutionären Lehre von den konkret-historischen Bedingungen revolutionärer Veränderungen, müssen wir dem Versagen des Realsozialismus im vorigen Jahrhundert zuschreiben. Das Mindeste, was jetzt durchgesetzt werden muss, ist die Veränderung des globalen Systems der freien Marktwirtschaft mit seinen verheerenden neoliberalistischen Auswirkungen, die Auflösung des weltweiten amerikanischen Stützpunktsystems und eine weltumspannende Abrüstung der atomaren Waffensysteme.

Jedenfalls haben wir soviel Kaputtes in den Ländern der gepriesenen Freiheit des westlichen Kulturkreises, dass andere Wege zum Glück der Menschen nicht falsch sein können.

Es wäre darum ein gewaltiger Fortschritt, wenn es uns gelänge, die individuelle Freiheit gemeinsam mit der gesellschaftlichen so zu entfalten, dass die Brutalität der kapitalistischen Freiheit überwunden werden könnte.

Während meines Aufenthaltes in den USA erlebte ich auf schmerzhafte Weise fast an jedem Tag, dass für sehr viele Menschen »die Freiheit« allenfalls graue Theorie war.

Den meisten Amerikanern fehlten die »glücklichen Umstände«, um tatsächlich glücklich zu sein.

Die Tafel des Lebens war für sie nicht gedeckt.

Die Stadt New York, die für mich und meine Frau für fünf Jahre unser Zuhause war, stellte für uns auch in dieser Hinsicht ein widersprüchliches Wunder dar. Trotz mehrfach angekündigten Untergangs entwickelte sie sich weiter: Sie war gleichermaßen abstoßend wie anziehend, hässlich und attraktiv, arm und reich. Ich fand es dennoch beachtlich, wie die hier lebenden Menschen miteinander umgingen, wie sie mit ihren Problemen in jenem »Geiste« umgingen, der ihnen offenkundig mit der Muttermilch eingegeben worden war: Wir sind freie Bürger in einem freien Land, niemand kann uns diese Freiheit nehmen, und wir werden sie verteidigen.

Aber genau darin wurzelte auch der messianische Eifer, mit dem die Amerikaner nicht nur ihr Land, sondern gleich die ganze Welt von »dem Bösen« befreien wollte und will. Dieses Sendungsbewusstsein gründet auf einem USA-zentrierten Weltbild und auf dem Unvermögen zu erkennen (und vor allem: zu akzeptieren), dass es draußen in der Welt auch andere Formen des gesellschaftlichen Zusammenlebens und Produzierens geben kann, die funktionieren.

Die Frage, ob New York als Sitz der UNO auch Hauptstadt einer zivilisierten Welt sein könne, würde ich dennoch mit einem Ja beantworten. Sie hat es gelernt, in den Jahren der bipolaren Welt den Machtinteressen des amerikanischen Establishments zu trotzen.

Washington blieb die Hauptstadt der USA, und New York übte sich als Welthauptstadt. Heute muss sie sich wieder Washington beugen, das muss aber nicht so bleiben.

Unterwegs im Auftrag des Nachrichtendienstes

Ich stand im Dienst der Hauptverwaltung Aufklärung. Mein Chef hieß Markus Wolf. Ich war der DDR und seinem Nachrichtendienst nicht durch Kadavergehorsam und Nibelungentreue verbunden. Der Marx'sche Grundsatz, an allem sei zu zweifeln, bestimmte stets mein Denken und Fühlen. Daraus ergab sich mitunter eine Differenz zu dem, was angeblich im Namen des Sozialismus passierte. Der Einsatz militärischer Gewalt in der Tschechoslowakei 1968 beispielsweise war für mich persönlich unannehmbar. Allerdings tröstete mich, dass sich die NVA nicht an der von Moskau befohlenen konzertierten Aktion des Warschauer Paktes beteiligte. Diese Verweigerung der DDR nahm mich sehr für meinen Staat und meinen Arbeitgeber ein.

So begann meine Tätigkeit in jenem Dienst, der bis heute in der Welt als einer der erfolgreichsten gilt. Das Rätsel, wie das sein konnte, wird von den späteren »Siegern« aus der Perspektive des Antikommunismus von hinter her be- und verurteilt. Der retrospektive Determinismus, sprich: die Klugscheißerei, ist kein ratsames Modell für die Findung der historischen Wahrheit Das ist aber bereits gegenstandslos, denn die Geschichte hat bewiesen, dass selbst erfolgreiche Dienste nichts bewirken können, wenn ein Volk seiner Führung nicht mehr folgt und eigene Wege geht. Insofern kann man nur unterschreiben, was 2002 die Führung des einstigen MfS in einer umfangreichen Publikation über ihre Tätigkeit auf die Rückseite des Buches schrieb: »Gemessen an der Aufgabe des MfS, unter Führung der SED und im Zusammenwirken mit allen Schutz-, Sicherheits- und Rechtspflegeorganen, mit allen gesellschaftlichen Kräften und mit den Bürgern, die DDR und das friedliche Aufbauwerk von Generationen zu schützen, haben wir letztlich nicht bestanden. Diese Wertung treffen zu müssen schmerzt umso mehr, da wir uns mit tiefster Überzeugung in den Dienst der Sicherheit der DDR und des Sozialismus gestellt haben.«

Ich teilte diese Überzeugung von Anfang an.

Der Verlauf der Geschichte bestätigte, dass wir dadurch einen Beitrag für eine über 40 Jahre währende Friedensperiode in Europa leisteten. Nur Ignoranten und Leute, die von Politik nichts verstehen, werden dies bestreiten.

Die Ignoranz fußt nicht zuletzt auf einer vermeintlich moralischen Überlegenheit, die auf merkwürdige Weise Idealismus als Handlungsmotiv völlig ausschließt. Im Westen kann man einfach nicht begreifen – offenkundig weil dort ein solcher Antrieb unbekannt ist –, dass sich Menschen selbstlos für eine gute Sache engagierten.

In einer Gesellschaft, in der Egoismus und Ellenbogen herrschen, kann man natürlich nicht verstehen, dass es auch eine Gesellschaft gab, in der nicht die Wohlfahrt des Einzelnen, sondern die Wohlfahrt aller im Mittelpunkt individuellen und gemeinsamen Handeln stand.

Hat denn noch nie einer gefragt, warum BND und andere westliche Geheimdienste es nicht vermochten, mit den Verlockungen »harter« Währungen nennenswerte Einbrüche bei östlichen »Feldpostnummern« zu erzielen? Stattdessen hingegen wurden enttarnte Westbürger, die als Aufklärer für die DDR tätig waren, dadurch zu diskreditieren versucht, indem man sie als geldgeil und selbstsüchtig darstellte. Natürlich musste jemand in der westlichen Logik entweder eine niedere Moral haben oder krank sein, wenn er aus freien Stücken für die östliche Aufklärung arbeitete. Oder er wurde zum Opfer gemacht, indem er von der »Stasi« erpresst oder anderweitig umgarnt worden war. Das machte das Maß der gesellschaftlichen Verachtung nicht kleiner, bestätigte aber die Lesart, dass der Dienst der DDR eine kriminelle, verbrecherische Organisation war. Wie eben der ganze Staat.

Über die Methoden der westlichen Dienste spricht man jedoch nie. Warum eigentlich nicht? Inzwischen kann allerdings jeder Bundesbürger, der bei der Deutschen Bahn, bei Lidl arbeitet oder über ein kleines Konto verfügt, das ein paar Euro über den Hartz IV-Bestimmungen liegt, ganz generell im ganzen Land am eigenen Leib verspüren, was man dem MfS der DDR vorwirft: flächendeckende Kontrolle des »freien Bürgers«.

Die Abteilung USA der HV A, in der ich tätig wurde, konnte nicht länger nur bei theoretischen Analysen und den kritische USA-Bildern, die uns aus der BRD überliefert oder von Moskau gelehrt wurden, bleiben. Wir mussten die »neue Welt« selbst erschließen, zu den Quellen der Aktivitäten vorstoßen, die – vom Boden der Bundesrepublik und Westberlins aus – sich gegen die DDR richteten.

Die Neue Welt war auch in handwerklicher Sicht für uns Terra incognita. Besaßen die europäischen Abteilungen hinlänglich Erfahrungen und viele Möglichkeiten des »Einstiegs«, so hatten wir diese nicht. Wir begannen Kontakte zu knüpfen zu Amerikanern, die in die DDR kamen.

Wir bemerkten, dass viele Amerikaner ein kritisches Verhältnis zum Establishment und zur Politik ihrer Regierung hatten. Das hatte aber keinen Einfluss auf ihren »Patriotismus« und ihr messianischen Sendungsbewußtsein. Dieses prallte auf unser Bedürfnis, die Welt zu bekehren und damit zu retten. Daraus entstand eher ein Konflikt denn eine Grundlage für gemeinsames Handeln.

Wie auch immer: Wir bearbeiteten die Amerikaner. Das war nicht nur legitim, sondern auch notwendig. Nicht alle kamen als Touristen oder Geschäftsleute. Viele hatten durchaus politische und geheimdienstliche Aufträge.

Die sehr kontrollierten diplomatischen Beziehungen bzw. ihre völlige Unterbindung wie etwa zwischen den USA und der DDR bis in die frühen 70er Jahre hinein ließen ein Vakuum entstehen, welches von den unkonventionellen Methoden der Geheimdienste auszufüllen war. Das führte in den USA trotz der antikommunistischen Ignoranz gegenüber der DDR zum Bestreben einer Aktivierung des »wissenschaftlichen Reiseverkehrs«. Mit im Spiel waren dabei Bestechung und Anwerbungen jeden Kalibers, auch wenn es nur »Panzerzähler« bei sowjetischen Truppenbewegungen in der DDR waren.

Damit wurde aus der CIA ein nicht nur akribisch auswertender, sondern zunehmend auch ein operativer Apparat. Diese Tendenz hatte sich vor allem auch verstärkt durch die Kombination der Gebrüder Dulles, von denen der eine Außenminister und der andere CIA-Direktor war.

In manchen US-Botschaften überwog sogar zahlenmäßig das CIA-Personal das des diplomatischen Dienstes. Später hatten wir es auch in der DDR mit dieser Übermacht in der US-Botschaft zu tun. Man muss wissen, dass es den USA immer und vor allem darauf ankam, Entwicklungen wahrzunehmen, die Einflusssituationen verbessern und manipuliertes, äußeres Eingreifen ermöglichen. Dem entsprach die Situation 1953 und zwischen 1985 und 1990 in der DDR, als Leute wie Eppelmann und andere sogenannte Dissidenten wichtige Informanten waren. Dazu mussten sie nicht angeworben werden. Sie waren auf antikommunistischen »Erbhöfen« aufgewachsen. Wie weit das mit jenen ging, die in »freundlicher Zuwendung« zum DDR-Staat ihre Karriere im Auge hatten und u. a. vom FDJ-Kreissekretär und Elitestudenten in der Sowjetunion oder von Kreisratsvorsitzenden und Förderern der sozialistischen Jugenderziehung an den

Schulen in hohe Staatsfunktionen der BRD aufstiegen, ist unbekannt. Zum Aktionsmuster der CIA gehörten sie allemal. Mir oblag da keine Zuständigkeit, weshalb ich über Details nicht sprechen kann. Wir hatten zu jener Zeit die Aufgabe, die bereits erwähnten, von den Amerikanern selbst gelegten »Laufstege« in umgekehrter Richtung zu nutzen.

Also, ließen wir uns darauf ein. Wir nutzten diese Verbindungen, um sie als Wege in die USA einzurichten.

In den 60er, besonders aber in den 70er Jahren bereisten immer mehr US-amerikanische Wissenschaftler die DDR. Eine bemerkenswerte Entwicklung registrierten wir auch bei der sogenannten Kulturdiplomatie. Alle mehr oder weniger selbstständigen Bereiche des Kulturaustausches oder der Besuchsprogramme gerieten aber bald unter die Federführung des State Departements.

Fast alle Aktivitäten der Kulturdiplomatie wurden koordiniert und im Informationswesen der *United States Information Agency* (USIA) verarbeitet. Das Spektrum, war ungeheuer breit und vielschichtig.

Das nachrichtendienstliche Netz, welches die USA über Osteuropa geworfen hatten, bestand nicht nur aus den Profis der CIA und anderen Institutionen. Die gesamte Kulturszene und die einschlägige Osteuropaforschung waren mit vielen Wissenschaftszweigen darin eingebunden.

Die USIA verfügte über ein nachrichtendienstlich gesteuerten Informationsdienst mit etwa 200 Büros in über 100 Ländern. Viele ihrer weit über 5.000 Mitarbeiter wurden in den legal abgedeckten Residenturen der CIA der USA-Auslandsvertretungen untergebracht.

Der von der Spionageabwehr des MfS (Hauptabteilung II) zur Abteilung IX der Hauptverwaltung Aufklärung (HV A) versetzte Spezialist Gotthold Schramm bereitete seine besten Leute für einen Einsatz in die USA vor. Sie sollten das Vorfeld der erwarteten nachrichtendienstlichen Angriffe sondieren. Das war deshalb erforderlich, weil die erkennbaren Aktivitäten der Amerikaner deutlich zunahmen und auch aggressiver wurden. Sie kamen nicht mit dem Palmwedel und wollten das sozialistische Gemeinwesen stärken, sondern es unterminieren. Das war ihr Auftrag, zu dem sie sich auch bekannten. Dagegen war insofern nichts zu sagen, als es in der Natur von Geheimdiensten liegt, den Gegner zu schwächen und á la longue auszuschalten.

Insofern überrascht es mich schon, wenn dies seit dem Untergang seines Arbeitgebers Oberstleutnant Günther Bohnsack, den ich einmal für meinen Freund hielt, ein wenig anders sieht. In der Abt. X der HV A war er über zwei Jahrzehnte für Sonderaufgaben zuständig, vornehmlich für die Bearbeitung westlicher Medien. Dass er im Nachhinein seine eigene Tätigkeit kriminalisiert und die der Gegenseite bagatellisiert, kann ich mir nur damit erklären, dass er vermutlich seine Brötchen bei eben jener Feldpostnummer verdient.

Die USIA hat – in Abstimmung mit der CIA – in »verdeckten Sendungen« örtlicher Rundfunkstationen eine aktive Maßnahme (*covert action*) nach der anderen durch den Äther gejagt, und kaum jemand erkannte den Urheber. Hinzu kamen Zeitungen und Illustrierte in allen Erdteilen, die aus der gleichen amerikanischen Quelle gespeist wurde.

Bei unseren Kontakten auf dem Boden der DDR wie auch später in den USA, mussten wir bald zur Kenntnis nehmen, dass CIA und USIA die beiden Flanken einer zentral geführten Zange waren. Beide Institutionen waren nach dem Zweiten Weltkrieg etabliert worden. Beide konzentrierten sich zunächst auf die Sammlung und Analyse von Informationen, die über die üblichen außenpolitischen Kanäle nicht zu gewinnen waren. Später gingen CIA und USIA zu operativen Maßnahmen über. Das war sowohl prowestliche und antikommunistische Propaganda als auch Spionage und Sabotage. Der Aufstieg zur und die Behauptung als Supermacht war und ist eng verbunden mit der Tätigkeit beider Agenturen.

1951 wurde ein dem Nationalen Sicherheitsrat und dem Präsidenten der USA direkt unterstelltes Gremium für die psychologische Kriegführung installiert (*Psychological Strategy Board*). Dem war 1947 die Bildung eines »Büro für Geheimdienst und Forschung« im US-Außenministerium vorausgegangen.

Allen naiven Demokratiegläubigen sei ins Poesiealbum geschrieben: Die CIA ist jeder öffentlichen Rechenschaftslegung und Auskunftspflicht enthoben, ihre Angestellten sind keinerlei beamtenrechtlichen Regulierungen unterworfen.

Die *National Security Agency* (NSA) zählte ohne USIA rund 60.000 Mitarbeiter. Rechnete man noch die Angestellten diverser Nachrichtendienste hinzu, kamen wir auf rund 200.000 Fachleute, die die USA im Kampf gegen den Kommunismus aufgeboten hatten.

Bis zur diplomatischen Anerkennung der DDR durch die USA 1972 nutzten wir eine relativ breite Gesprächsbasis für unsere Vorbereitung. Uns kam entgegen, dass jenseits der geheimdienstlichen Aktivitäten viele US-Bürger eine erkennbare Neugier besaßen. Sie wollten wissen, was jenseits des Eisernen Vorhangs tatsächlich passierte.

Unser alternatives Herangehen an gesellschaftliche Probleme nahmen sie interessiert zur Kenntnis. Ich meinte, dass mancher davon durchaus beeindruckt war, wie in der DDR konsequent Antifaschismus betrieben wurde. Es gab – zumindest bei den politisch gebildeten Amerikanern – eine tiefe und keineswegs nur gespielte Aversion gegenüber dem Nazismus und dessen Begleiterscheinungen.

Man unterschied durchaus zwischen einer Diktatur der Faschisten und einer Diktatur des Proletariats. Eine Gleichsetzung von DDR und Drittem Reich in Sinne der

Totalitarismus-Doktrin erfolgte keineswegs. Die gravierenden Unterschiede wurden sehr wohl wahrgenommen und honoriert.

Das führte allerdings nicht zu einer übertriebenen Zuneigung zur DDR. Aus diesem Grunde konnten wir nur sehr selten direkt werben. In der Regel blieb es auf der Ebene einer wissenschaftlichen Institution und der kritischen Solidarität. Auf dieser Basis hofften wir an für uns relevante Informationen zu gelangen. In der Natur der Sache lag es jedoch, dass die Forschungsreisen in zeitlich großen Abständen erfolgten, wir also nie wussten, ob beim nächsten Mal dort angeknüpft werden konnte, wo man bei der Verabschiedung gestanden hatte. Wir konnten nicht garantieren, dass unsere »Überzeugungskünste« langfristig vorhielten.

Aus Sicherheitsgründen orientierten wir mitunter auf Treffen im Ausland. Wiederholte Einreisen in die DDR hätten zu unnötigen Fragen und vielleicht zur Gefährdung unserer Kontakte geführt. So entsinne ich mich, in den frühen 70er Jahren mich mit einem Wissenschaftler aus den USA in Wien verabredet und getroffen zu haben. Ich reiste mit der Bahn via Prag in die österreichische Hauptstadt. Auf dem Perron des Franz-Joseph-Bahnhofs erwartete mich unser Konsul. Schnell hatten wir das Notwendige besprochen. Er brachte mich in eine freie Wohnung der Botschaft. Das gefiel mir nicht besonders, weil dieses Quartier gewiss observiert wurde, war aber von der Zentrale so vereinbart. Botschafter Fleck, der später nach Paris wechseln sollte, empfing mich noch zu einem einstündigen Gespräch.

Am nächsten Tag lief ich die vereinbarte »Prüfstrecke« in der Stadtmitte. Nach knapp einer Stunde stand fest, dass ich keinen Schatten hatte. Gegenüber dem Stephansdom setzte ich mich an das große Fenster eines Caféhauses. Dort saß ich – mit kleinen Pausen – fast einen ganzen Tag.

Umsonst – der Mann kam nicht. Am nächsten Tag trank ich auch wieder nur Kaffee. Langsam wurde ich unruhig, zumal ich auch den Instrukteur aus der DDR einbestellt hatte. Ich wollte ihn dem Amerikaner vorstellen und anregen, dass sich beide künftig in den Staaten treffen sollten. Das setzte aber voraus, dass ich zuvor mit dem Amerikaner allein sprach und ihn auf diese Begegnung vorbereitete.

Dann aber kam der Partner aus Übersee. Im »Maxim«, dem nicht zuletzt aus der Strauß-Operette bekannten Wiener Restaurant, führte ich beide zusammen.

Ich verlor beide bald aus den Augen, was nicht zuletzt damit zusammenhing, dass ich auf einem anderen Gebiet zu arbeiten zu begann – nämlich in der UNO-Vertretung der DDR. Meine Frau und ich bereiteten uns intensiv auf diese neue Tätigkeit vor: Wir lernten Englisch im Schnellverfahren, absolvierten eine fototechnische Ausbildung zur Herstellung sogenannter Migrate und lernten chiffrieren und dechiffrieren. Sodann waren wir ein halbes Jahr lang im Außenministerium eingesetzt, ehe es 1976 ans Kofferpacken ging.

Zuvor lernte ich meinen künftigen Stellvertreter für innere und äußere Sicherheit kennen. Heinz M. agierte in unserer Vertretung offiziell als hauptamtlicher Sicherheitsbeauftragter (HSB). Er sollte in New York – im Unterschied zu einem anderen Stellvertreter namens G. E. – eine verlässliche Stütze sein.

Nach der diplomatischen Anerkennung der DDR durch die USA waren wir in der Lage, vor Ort legal abgedeckt tätig zu werden. Bis dato bestand diese Möglichkeit nicht, weshalb diese Linie erst neu in unserer Abteilung eingeführt werden musste.

Für mich wurde es nunmehr möglich, amerikanische Politik vor Ort studieren und analysieren zu können. Die miteinander konkurrierenden Denkfabriken irritierten und faszinierten mich gleichermaßen. Das von der Zentrale geforderte Eindringen in die internen Bereiche der finalen Strategiebildung, erwies sich jedoch als illusorisch. Die differenzierten und bereits weit im Vorfeld eingebauten Clearence-Stufen sicherten die Denkfabriken in ihren Kernbereichen.

Das globale Denken der amerikanischen Elite war auf konzertierte Aktionen gegen den Sozialismus und die fortschrittlichen sozialen Bewegungen in der Welt gerichtet. Unmittelbar nach dem Zweiten Weltkrieg waren verschiedene Vorlaufmodelle der Globalstrategie ausgearbeitet und verifiziert worden.

Zunächst ging es um *containment* (Eindämmung) des »Kommunismus«, danach um dessen *rollback* (Zurückdrängung). Diese offensive bis aggressive Politik wurde unterbrochen von Phasen des *appeasement* (Befriedigung, was wir als Form friedliche Koexistenz verstanden).

Angesichts des militärstrategischen Gleichgewichts und der Möglichkeit wechselseitiger Vernichtung, konzentrierten sich die Amerikaner auf die Entwicklung der eigenen ökonomischen Potenziale, um die Gegenseite wirtschaftlich niederzuringen. Das schloss einen Wettlauf der Rüstungsanstrengungen mit ein: Das »Reich des Bösen« (US-Präsident Reagan) sollte totgerüstet werden.

Mit Reagan, der seit 1981 im Weißen Haus regierte, erfolgte auch eine Renaissance des militanten Antikommunismus, der mit den vermeintlichen amerikanischen Sicherheitsinteressen verbunden war. Seit Beginn meiner Tätigkeit in den USA registrierte ich einen konservativen Rechtstrend, der vom militärisch-industriellen Komplex forciert wurde. Als propagandistische Vorwände dienten die sogenannte Raketenlücke – die Sowjetarmee hatte als klassische Landstreitkraft einen nennenswerten Überhang etwa bei den Panzern, was die NATO meinte mit dem Einsatz von Kurz- und Mittelstreckenraketen kompensieren zu müssen. Das wiederum verstand der Warschauer Pakt als unmittelbare Bedrohung, was zur Stationierung analoger Atomwaffen auf dem Territorium der DDR und der CSSR führte. Der Popanz der Bedrohung wurde allerdings auch durch die Intervention der Sowjetunion in Afghanistan 1979/80 und dem Abschuss eines südkoreanischen Zivilflugzeuges 1983 über dem Territorium der UdSSR verstärkt.

Die Umsätze der Rüstungskonzerne in den USA stiegen dramatisch an. Etwa 70 Prozent der Regierungsausgaben flossen in den 80er Jahren direkt oder indirekt in die militärische Forschung. Jeder dritte Facharbeiter und jeder dritte Ingenieur arbeitete in diesem Bereich.

Auch die innere Struktur der Rüstungsindustrie veränderte sich – die Konzentration nahm zu. Profitierten früher in den USA etwa 30.000 Firmen von Rüstungsaufträgen, waren es 1985 noch 30 Konzerne, die die wesentlichen Aufträge unter sich aufteilten. Diese Konzentration ging einher mit einem Wachsen des Einflusses auf die Administration. Die berüchtigte Politik des *Pax americana* hielt Einzug. Krieg wurde, namentlich nach dem Untergang des Realsozialismus, wieder zum Mittel der Politik.

Davon waren wir Mitte der 70er Jahre noch ein Stück weit entfernt, doch die Weichen für diese Politik wurden bereits gestellt.

Gleichwohl vertrat ich damals die Auffassung, dass von den USA derzeit keine Kriegsgefahr ausgehe. Natürlich hing alles am seidenen Faden. Allein die soziale Misere in den Staaten hätte eine Wende – so oder so – in die amerikanischen Politik bringen können.

Den sozialistischen Ländern war nicht daran gelegen, den objektiven Konflikt zwischen den politischen Systemen zu forcieren. Im Gegenteil: Der Osten ließ sich auf die Appeasement-Politik ein.

Nicht zufällig gingen im gleichen Jahr der Vietnam-Krieg und die Konferenz für Sicherheit und Zusammenarbeit in Europa (KSZE) zu Ende. In Helsinki unterzeichneten 1975 die Staatschefs von 33 europäischen Ländern sowie der USA und Kanadas die KSZESchlussakte. In Abstimmung mit der sowjetischen Seite drängte die DDR auf weitere entspannungspolitische Maßnahmen. Für uns draußen hieß es, das nachrichtendienstliche Objektiv auf die Totale umzustellen – wir sollten die gesamte gesellschaftliche Entwicklung so gut wie möglich ausleuchten und uns nicht mehr nur auf die Hauptobjekte konzentrieren.

Der Platz bei der UNO war für die »Ausleuchtung« der allgemeinen Umstände geradezu prädestiniert. In dieser multilateralen demokratischen Institution konnten die amerikanische Positionen aus sehr verschiedenen Blickwinkeln beobachtet und registriert werden.

Der Abschöpfung von Informationen besaß dabei besondere nachrichtendienstliche Bedeutung. Unser operatives Vorgehen musste also weniger vom Behaupten klassenkämpferischer Positionen, sondern stärker von konziliianter und aufgeschlossener Neugier diktiert werden. War beispielweise Henry Kissinger, einer der einflußreichsten US-Politiker, auch ein kalter Krieger, so bedeutete dies nicht, ihn nicht ernst zu nehmen. Von ihm stammte das Axiom, dass die Annäherung an den Krieg die wirksamste Friedenssicherung darstelle. Daher halte das atomare Gleichgewicht die Gefahr eines totalen Krieges gering.

Ob es uns passte oder nicht: Diese Form der Anerkennung des militärstrategischen Status quo musste Konsequenzen für den Umgang des Ostens mit dem Westen haben und aktiv für eine weitreichende Entspannungspolitik genutzt werden. Allerdings war die Staats- und Parteiführung zu Hause für unsere Hinweise und Vorschläge wenig aufgeschlossen. Sie hatte ihr festgefügtes, unerschütterliches Bild von der Welt.

Wir DDR-Aufklärer sollten uns vor Ort mit den sowjetischen Genossen abstimmen, hieß es immer wieder aus der Zentrale. Mein Ansprechpartner war der sowjetische Resident in New York, General Drosdow. Ich traf mich regelmäßig mit dem nicht unsympathischen Mann. Er war durchaus einem neuen Denken zugänglich, aber als Militär war er beinhart. In militärischer Hinsicht misstraute er den Amerikanern und meinte, diese spielten mit gezinkten Karten.

Um das herauszubekommen, so meinte er, würde die Abschöpfung nicht ausreichen. Das sei Angelegenheit der illegalen Linie.

Fortan trafen wir uns regelmäßig. Juri Drosdow glich als Typ Markus Wolf und seinem Stellvertreter Horst Jänicke: Er hatte zu jeder Sache eine eigene Meinung, die mitunter von der offiziellen abwich.

Drosdow war auch ein Mann ohne Gesicht. Unter verschiedenen Decknamen hatte er an vielen Schauplätzen in der Welt für das KGB gearbeitet. Er geisterte als Phantom durch die westliche Presse und wurde erst nach dem Untergang der UdSSR als Leiter der Residentur in New York enttarnt.

Er hatte ein Büro in der sowjetischen Vertretung. Einmal jedoch, als ich ihn dort unangekündigt aufsuchte, wirkte er ein wenig fahrig. Ich hatte das Gefühl, dass ihm mein Besuch höchst ungelegen kam und er mich loswerden wollte. Er entschuldigte sich kurz und verschwand auf den Flur. Ich musterte zum ersten Male sein Zimmer und stellte fest, dass in die Wandtäfelung eine Tür eingelassen war. Man musste schon wirklich sehr genau hinschauen, um sie zu bemerken.

Ich vermutete, dass sich Drosdow eine eigene Toilette hatte einbauen lassen, was mich angesichts seiner sonst üblichen Bescheidenheit ein wenig überraschte. Drosdow kehrte wieder zurück und erklärte umständlich, dass er zum Botschafter müsse. Er bat mich, eine Etage tiefer im Besucherraum zu warten. Dort roch es immer sehr russisch. Woher dieses Aromagemisch rührte, vermochte ich schon während meines Studiums in Moskau nicht zu ergründen – aber schlecht wurde mir dabei regelmäßig. Also schlenderte ich lieber auf dem Gang umher. Als ich um die Ecke bog, sah ich aus Drosdows Zimmer einen Mann kommen, den ich zwar kannte, aber besser nicht begegnen wollte. Und auch er sollte mich nicht gewahr werden. Es war ein Ungar, der in der UNO arbeitete und den ich nicht nur deshalb für unseriös hielt, weil er meist eine Alkoholfahne vor sich hertrug. Schau an, dachte ich, mit dem kungelt also Drosdow auch.

Ich zog mich hinter die Ecke zurück und eilte dann hinunter, weil ich wusste, dass Drosdow Stil hatte und mich, statt wie üblich durch den Lautsprecher die Besucher auszurufen, persönlich holen kommen würde. So geschah es.

Drosdow wirkte wie ausgewechselt. Er war aufgeräumt und entspannt und wies mir den Platz vor seinem Schreibtisch zu. Ich stellte fest, dass die Geheimtür ein wenig offen stand. Offenkundig hatte er den Ungarn dort versteckt, als ich ihn vorhin überfiel. Und ihn rausgeholt, als ich angeblich in den Besucherraum verschwunden war. Dass er die Tür nicht wieder richtig verschlossen hatte, war ein handwerklicher Schnitzer. Sieh an, dachte ich, niemand ist vollkommen.

Wiederholt traf ich mich mit Juri Drosdow auch in der Stadt. Das aber wurde für uns beide zur Belastung. Wenn sich zwei Geheimdienstleute begegnen, trägt alles den Anschein von Konspiration. Das ist eine Berufskrankheit. Wenn auf der Straße sich zwei Menschen begegnen und der eine sagt angesichts des schönen Sonnenscheins: »Heute ist ein herrlicher Tag«, nimmt der andere das als Selbstverständlichkeit hin. Sind es zwei Geheimdienstler, wird sich der eine bei dieser Bemerkung fragen: Was will er mir damit sagen, was ist die Botschaft?

Da ich immer die Einladungen aussprach, vermutete der sonst so weltmännische Drosdow, befangen vom stets vorhandenen Argwohn der Sowjets, dass ich undurchschaubare Absichten hege. Tatsächlich aber hatte ich manchmal den Verdacht, dass wir beobachtet würden. Später gestand er mir, er selbst habe zum Zwecke unserer Sicherheit die Beobachtung angeordnet. Misstrauisch waren die »Freunde« fast immer. Ich steckte inzwischen selber tief genug in der Materie, um diese Erklärung als Legende zu durchschauen. Aber ich sagte nichts.

In der sowjetischen Politik verfolgte Moskau seit geraumer Zeit eine antichinesische Linie. Daraus folgte auch ein nachrichtendienstliches Interesse an der chinesischen Position gegenüber den USA. Drosdow, ein Chinakenner, offenbarte bei chinesischen Diplomaten äußerste Sorgfalt und Feinfühligkeit ohne jeden Anflug grobschlächtiger ideologischer Feindbildmalerei. Er war davon überzeugt, dass Peking immer das Richtige für die Volksrepublik tat. Den Chinesen stand Konfuzius näher als der Europäer Marx. Das »Reich der Mitte« hatte seine eigenen Wurzeln und Traditionen, ihre Koordinaten gründeten sich weniger auf aktuelle politische Propaganda und Zwecke, sondern auf andere, langfristige Vorstellungen. Drosdow hielt es für ratsam, der ideologischen Auseinandersetzung zwischen Moskau und Peking nicht zu folgen und seiner eigenen politischen Erfahrung zu vertrauen.

Die Gespräche mit ihm waren äußerst erfrischend. In seiner philosophisch-materialistischen Grundhaltung war er nicht festgelegt auf dogmatische Interpretationen. Philosophisch schienen ihn die Chinesen zu faszinieren. Maos Appell, tausend Blumen blühen und hundert Schulen streiten zu lassen, was eine Aufforderung zur Pluralität bedeutete, war ihm auch deshalb sympathisch, weil sie erheblich älter als Mao war. Das sprach einerseits für die Lebendigkeit des Gedankens, andererseits für dessen Sinnfälligkeit.

Ich begriff, dass sich Geschichte in sehr langen Linien bewegte und nicht so kurzatmig entwickelte, wie wir immer annahmen. Und ich lernte von Drosdow weiter, dass man vieles für sich behalten und auch unter Kollegen nicht sein Herz auf der Zunge tragen sollte.

Ein Urteil gründet sich auf viele Fakten und ist dennoch relativ. Die Gewissheiten, die sich aus unserer Ideologie speisten, waren auch nur relativ. Für die nachrichtendienstlich ermittelte Wahrheit und Gewissheit wollte die Zentrale authentische Beweise. Zur Bestätigung unserer mehr oder minder philosophischen Ergüsse kreierten wir eine Begriff, die »intellektuelle Gemeinschaft«.

In dieser Gemeinschaft waren Nachrichtengeber und -empfänger eingebunden. Dabei wechselten die Rollen ständig. Mal waren die anderen Lieferanten von Informationen, mal waren wir es. Und nicht immer war klar, ob das Ausgetauschte wahr oder Spielmaterial war. Es lag nicht in den Kräften der Residentur, schlüssige Beweise für die in der »intellektuellen Gemeinschaft« gewonnene Erkenntnis zu liefern, dass die amerikanischen Grundinteressen im Fortbestand der friedlichen Bedingungen lagen und die vermeintlichen Klasseninteressen nicht den tatsächlichen Intentionen der amerikanischen Gesellschaft entsprachen. Es bestand unter Präsident Carter durchaus eine politische Übereinstimmung zwischen den Wirtschaftsinteressen der USA und dem internationalen Status quo. Die Kräfte der Vernunft und des Realismus, wie wir sie nannten, besaßen Spielraum, den auch die Führungen der sozialistischen Länder hätten erkennen und ausschreiten müssen.

Das unterblieb. Die Führungsmacht, an deren Spitze eine Riege alter Männer stand, war intellektuell scheinbar gelähmt und erkannte diese Chance nicht. Die Phase sollte man später zutreffend als die der Stagnation bezeichnen.

Die innere Situation der DDR wurde uns »draußen« nicht so gewahr.

Ich versuchte mir auf unterschiedlichen Wegen Nachrichten zu beschaffen, um mir ein Bild zu machen. Ich hatte Verbindungen zu drei Diplomaten der Bundesrepublik. Sowohl die Kontakte als auch die Partner waren von sehr unterschiedlicher Natur. Da war der Gesandte Hans-Joachim Vergau, den ich zuweilen in dessen Wohnung in der oberen Park Avenue traf. Ich lernte ihn bei einer Veranstaltung der UNO kennen. Er lud mich zu sich nach Hause ein, um unser Gespräch fortzusetzen, wie er meinte. Offenkundig hielt er mich für einen verkappten Sozialdemokraten.

Die Familie Vergau bewohnte eine sehr schöne, geräumige Wohnung. Der Fahrstuhl brachte meine Frau und mich direkt in die große Diele. Die Gäste überraschten mich. Außer uns waren nur Amerikaner zugegen, davon gut die Hälfte Geistliche. Wir wurden ihnen vorgestellt, dann nahm das Gespräch politischen Charakter an, was zuweilen durch Einmischung der Frauen in andere Richtung gelenkt wurde. Vergau insistierte, es ging vornehmlich um Fragen der Demokratie und der Jugenderziehung in der DDR. Auch die Geistlichen hielten mit. Das wunderte mich, bis ich begriff, dass meinen Gesprächspartnern offenkundig meine Vita bekannt sein musste In der Legende hieß es ja, dass ich aus dem Partei- und dem FDJ-Apparat käme.

Da ich aber tatsächlich 20 Jahre meines Lebens in der Jugend- und Parteipolitik tätig gewesen war, hatte ich damit keine Probleme.

Dann lenkte Vergau das Gespräch auf die Demokratiedefizite in der DDR, und auch hier zeigten sich die Kirchenleute sehr interessiert. Nun wurde mir bald alles klar. Vergau spielte nur den Vermittler und Moderator. Die Geistlichen hatten wahrscheinlich einen Auftrag.

Vergau wurde wenig später zurückgeholt. An seine Stelle trat Botschaftsrat Rudolph. Das war ein charmanter und stets erfrischender Gesprächspartner, der uns ebenfalls in seine Wohnung bat. Er hatte dabei nicht nur uns, sondern auch einige Familien russischer Dissidenten eingeladen, worüber er mich nicht informiert hatte. Das schien ungewöhnlich, denn Rudolph war kein Mann, der Konfrontationen und Provokationen mochte. Ich war wie vom Donner gerührt, als ich plötzlich die Tochter eines mir bekannten Journalisten von der *Komsomolskaja Prawda* sah. Tamara erzählte unbefangen, sie sei mit einem Juden verheiratet, dem die Ausreise mit Familie in die USA gestattet worden sei, und freue sich, mich hier zu sehen. Bei mir schrillten alle Alarmglocken. Konnte es sein, dass dies der zweite Versuch der CIA oder eines anderen Dienstes der USA war, mich entweder zu kompromittieren oder langsam weichzukochen?

Der Verdacht einer Einkreisung verstärkte sich, als Wochen später ein Herr mit Operettenstimme Kontakt zu mir suchte. Durch sein Englisch klang unüberhörbar sein Wienerisch durch, dennoch meinte er sich mir als Amerikaner vorstellen zu können. Er arbeitete im UNO-Hauptquartier, aber vermutlich nicht nur für die UNO. Er ging mich frontal an und erklärte privates Interesse an einem Gespräch mit mir. Dabei führte er sich reichlich dilettantisch auf. Im Restaurant ließ er sich heimlich eine Rechnung ausstellen, was gemeinhin nur Leute tun, die Spesen abrechnen.

Als ich aus Äthiopien zurückkehrte, drängte er sich erneut in meine Nähe. Er bat mich telefonisch um ein Gespräch, ich sah keinen Grund, die Einladung ins »La Petit Marmit« auszuschlagen. Er zeigte sich bestens über meine Mission in Afrika informiert, was mich in der Überzeugung bestärkte, dass mich auch dort die CIA unter Kontrolle gehabt hatte. Listig erkundigte er sich, ob ich zufrieden gewesen sei mit dem militärischen Engagement der DDR in Äthiopien. Ich lag richtig mit meiner Vermutung, dass er auch bald zum Generalangriff übergehen würde, denn seine nächste Frage lautete unverstellt: »Und waren Sie auch zufrieden mit Ihren Kameraden vom Geheimdienst?«

Nach der zufälligen Begegnung mit Tamara sprach ich mit Drosdow darüber. Ich erwartete keine Reaktion, zumal ich meinen Verdacht nicht aussprach. Ich traf aber Tamara niemals wieder.

Der dritte Westdeutsche hieß Dr. Eichler. Er behauptete, dass er in Florida eine Art Ranger-Ausbildung absolviert hatte. In der Nähe der Queensborough Bridge hatte er eine überdurchschnittlich schöne Wohnung, Er wollte den Kontakt zu mir gerade intensivieren, da starb er plötzlich an einem Gehirntumor.

Danach trat erst einmal Ruhe an der westdeutschen Front ein. Ich will hier aber nachdrücklich erklären, dass weder ich noch andere Mitarbeiter der Residentur die Absicht hatten, die BRD-Vertreter zu bearbeiten.

Allerdings wurden wir bearbeitet.

Bei jeder diplomatischen Begegnung fand eine Abschöpfung statt, mit oder ohne direkten Auftrag der HV A oder des BND. Man wollte Interna erfahren und zugleich das Wesen der Kontaktperson entschlüsseln.

Gab es eine Anhäufung potenzieller Eigenschaften zur Bearbeitung, so wurde sie in die Auslese genommen. Wenn die Verbindungen zu Vergau und Eichel nicht vor der Zeit geendet hätten, hätte sich daraus etwas entwickeln können, während klar war, dass die Begegnungen mit dem Presseattaché Günter Schütze wenig brachten: Die Gespräche waren unergiebiges Geplätscher.

Die illegale Arbeit beschränkte sich im wesentlichen auf das Verbindungswesen, meine Tätigkeit erfolgte legal und in der gleichzeitigen Doppelrolle als Diplomat und Aufklärer. Die beste Chance zur Herstellung von Kontakten boten die bei der Vertretung eingehenden Einladungen. Die DDR selbst war in dieser Hinsicht wenig aktiv. Jede Feier kostete zusätzlich Devisen, die die Vertretung nur in bescheidener Menge besaß.

Die Wahrnehmung von Einladungen unterlag einem strengen Reglement, deren Herr ich war. Alle Einladungen gingen zunächst über meinen Tisch, bevor ich sie dem Botschafter zustellen ließ. DDR-Diplomaten wurden als sozialistische Exoten gern eingeladen.

Oft ging die Gegenseite sehr gezielt vor. Die USA als Platzhirsch war dabei am aktivsten, wobei sie die Vertretungen der Verbündeten nicht selten für solche Zwecke instrumentalisierten. An der Wiege des Bundesnachrichtendienstes standen die USA und die CIA. Diese »traditionellen« Verbindungen wurden gern benutzt, und nicht in jedem Fall mit Kenntnis der Bundesregierung. Westliche Dienste arbeiten auch in anderen Teilen der Welt hinter dem Rücken ihrer Regierungen zusammen. Die genaue Zahl der für die CIA tätigen ausländischen Agenten ist eines der bestgehüteten Geheimnisse, aber auch ohne Detailkenntnis bemerkten wir sie. Während einer Veranstaltung, zu der ich vom sogenannten Empfangskomitee eingeladen wurde, lernte ich die amerikanische Art der Bearbeitung kennen.

Wie immer zog sich der Empfang in die Länge, und jeder bekam Gelegenheit, mit jedem Kontakt aufzunehmen. Da ich den Sinn der Zusammenkunft nicht begriffen hatte, hielt ich Ausschau nach Bekannten. Trotz meiner gespielten Sicherheit war ich einem gleichaltrigen Amerikaner aufgefallen, der mich unvermittelt fragte, ob ich ein *newcomer* sei. »Sie haben den Nagel auf den Kopf getroffen, ich bin immer und überall ein *newcomer*, selbst meiner Ehefrau gegenüber, was diese bezaubernd findet.«

»Und im Ernst?«

»Es ist mein Ernst.«

Der Amerikaner kam auf den Abend zu sprechen. Ich erfuhr, dass die USIA der Veranstalter sei und es bei solchen Treffen immer nachrichtendienstliche Verkettungen gebe, die man akzeptiere. Das sei in den USA so üblich, und er habe herausgefunden, dass das Akzeptieren die beste Variante sei, um sich herauszuhalten. Wer sich hinter der *United States Information Agency* verbarg und welche Aufgaben sie verfolgte, war mir durchaus bewusst. Die Unverfrorenheit, mit der sie agierte, überraschte mich denn doch etwas.

Das Programm begann mit einer ziemlich albernen Rede des New Yorker Oberbürgermeisters Koch, überdies war er stockschwul, was aus jeder Geste ablesbar war. Dadurch wirkte der inhaltliche Unsinn noch um einiges flacher. Nach ihm sprach irgend ein Havardprofessor, und niemand hörte zu.

Mein neuer Bekannter erklärte mir, dass der Sinn solcher Veranstaltungen immer der gleiche sei: Leute zusammenführen, darunter welche mit viel Geld, und dann alles dem Selbstlauf überlassen. Wenn man auch nur einmal auf die Liste geraten war, müsse man damit rechnen, immer wieder eingeladen zu werden.

Der Abend klang aus, wie er begonnen hatte. In der Lobby wurden ein paar Longdrinks gereicht und man verabschiedete sich, nicht ohne vorher Termine und Adressen ausgetauscht zu haben.

Ich geriet nun auch auf die Gästeliste meines neuen Bekannten.

Nach einer solchen Zusammenkunft meldete sich auch der bereits erwähnte Amerikaner mit dem Weaner Schmäh in der Stimme. Die Tarnung war offenkundig doch nicht so mustergültig, wie ich mir das so vorstellte. Die DDR war – gemeinsam mit der BRD – am 18. März 1973 in die UNO aufgenommen worden. Bereits vier Monate zuvor war Horst Grunert als Ständiger Beobachter der DDR bei den Vereinten Nationen eingetroffen. Im März 1973 kaufte er auch für eine Millionen Dollar das hübsche sechsgeschossige Bürohaus an der Park Avenue, das seither Sitz unserer Vertretung war. Peter Florin wurde der erste Ständige Vertreter der DDR bei der UNO. Unser höchstdotierter UNO-Beamte im Generalsekretariat der UNO hingegen wurde Prof. Karl Otto. Einmal, er war soeben von der Kur in der DDR zurückgekehrt, sagte er beim Mittagessen mit gedämpfter Stimme, er habe mit Markus Wolf gemeinsam gekurt. Dabei wäre auch mein Name gefallen, worauf der HV A-Chef erklärt habe: »Das ist mein Mann.«

Zwar freute es mich, dass ich im Kopf meines Vorgesetzten präsent war, aber mit Konspiration hatte das wenig zu tun. Ich bat Otto, das für sich zu behalten. Was er, soweit ich es feststellen konnte, auch tat.

Otto, das nur nebenbei, war aufgrund eines Schicksalsschlages ins Fadenkreuz der CIA geraten. Hans-Georg Ponesky, ein bekannter Fernsehunterhalter in der DDR, hatte ihm die Frau ausgespannt. Als Alleinstehender war Otto nunmehr ein Sicherheitsrisiko. Unser HSB berichtete mir wiederholt von Parties im Hause von Otto, bei denen junge Asiatinnen gesehen worden waren. Er schlug vor, dass wir ihn deshalb zurück in die DDR schicken sollten. Schließlich gab es genügend Fälle, wo in vergleichbaren Situationen mit Hilfe von Frauen Diplomaten zum Übertritt und damit zum Verrat erpresst worden waren.

Diese Blöße konnten und wollten wir nicht zulassen. Wir wussten, mit welchem Gegner wir es zu tun hatten. Der war nicht zimperlich. Philipp Agee schrieb in seinem »CIA-Tagebuch« (und auch andere Mitwirkende haben sich später dazu geäußert): »Um Sukarno in Indonesien loszuwerden, wurden bei von der CIA geführten Aktionen mindestens 500.000, eher sogar 1.000.000 Indonesier hingeschlachtet.«

In der Dominikanischen Republik arrangierte die CIA die ErmordungTrujillos, um die Rückkehr des US-hörigen Präsidenten Juan Bosch zu ermöglichen. Fidel Castro sollte erschossen, vergiftet, erschlagen oder in die Luft gesprengt werden – unzählige Pläne wurden in Langley geschmiedet, um den Revolutionsführer zu ermorden.

Agee: »Es ist kaum zu glauben, aber man kann davon ausgehen, dass die CIA an allen subversiven Aktivitäten in der ganzen Welt beteiligt ist.«

Wer sich unliebsamer Politiker überall in der Welt entledigte – warum sollte der zögern, einen enttarnten DDR-Kundschafter auszuschalten? Die waren keineswegs zimperlich. Einmal hatten sie einen Mitarbeiter der sowjetischen Vertretung in der 34. Etage eines Hochhauses aus dem Fenster gehalten und auf diese Weise genötigt, einer Zusammenarbeit mit der CIA zuzustimmen. Er offenbarte sich seinem Residenten und wurde umgehend in Sicherheit gebracht, d. h. nach Hause geschickt.

Markus Wolf hatte mich höchst unprofessionell dekonspiriert, und ausgerechnet ein Mann hatte davon Kenntnis, für den sich in besonderer Weise die CIA interessierte.

Es gab nicht viele Alternativen, wie wir mit dem unfreiwilligen Mitwisser umzugehen hatten. Prof. Otto musste New York verlassen.

Die Amerikaner überwachten alle Diplomaten. Das läge, so räumten sie ein, im nationalen Sicherheitsinteresse. Manchmal hatte ich den Eindruck: Je größer und mächtiger ein Staat war, desto größer schien auch sein Sicherheitsinteresse. Natürlich, es gab auch kleine Staaten mit einem hypertrophierten Sicherheitsbedürfnis. Gleichwohl unterhielten große Staaten auch große Dienste, die nicht nur miteinander konkurrierten, sondern auch das Bedürfnis hatten, ein Eigenleben zu entwickeln und sich nicht von außen kontrollieren zu lassen. Im nationalen Sicherheitsinteresse, wie sie sagten. Denn dann sei ja die Tarnung dahin. (In den 80er Jahren wurde in den USA gesetzlich unter Strafe gestellt, Mitarbeiter der CIA öffentlich zu dekonspirieren. Die Regierung Bush geriet 2003 heftig ins Straucheln, als die Frau des ehemaligen US-Botschafters, der die Irak-Politik des Präsidenten kritisiert hatte, als CIA-Mitarbeiterin enttarnt wurde. Der Hinweis sollte aus dem Weißen Haus gekommen sein. Aber wie meist verlief auch diese Sache im Sande.) Die US-Dienste kannten keine Personalprobleme bei der Überwachung aller Vertretungen und ihrer Mitarbeiter. Zunächst waren jene Bereiche, die sich mit der Auswertung der Informationen beschäftigten, erheblich größer als der operative Apparat. Sukzessive aber verschoben sich die Proportionen. Die Strukur des operativen Apparats entsprach dem unsrigen. Es wurde genau wie beim MfS beispielsweise mit Offizieren im besonderen Einsatz (OibE) und Inoffiziellen Mitarbeitern (IM) gearbeitet. Im Management unseres Wohnhauses waren Informanten – also IM – für die CIA und die Bundespolizei (FBI) tätig. Eine andere Erklärung für die gegen uns unternommenen aktiven Maßnahmen konnte es nicht geben.

Bereits unter Dulles war in den 50er Jahren der Auslandsapparat der CIA zum Anhängsel des diplomatischen Dienstes gemacht worden. Insofern überraschte es uns nicht, dass nach entsprechender Aufklärung des Personals in der US-Botschaft in der DDR nahezu jeder zweite Mitarbeiter für amerikanische Dienste arbeitete. Und es gab Führungsoffiziere, die IM außerhalb der Botschaft hatten.

Das gleiche galt auch für die USA-Vertretung bei den Vereinten Nationen. Mr. Craig Arness und Nancy Ford, die bei der US-Vertretung als Adviser tätig waren, ließen keine Zweifel über ihre Haupttätigkeit aufkommen.

Ein Grund des engen Zusammenwirkens der amerikanischen Außenpolitik mit den Instrumentarien der Geheimdienste lag darin, dass man das sozialistischen Weltsystems für jede Form der inneramerikanischen Opposition haftbar machte. Die Furcht der Bourgeoisie vor Veränderung oder gar Machteinschränkung und -verlust war in der amerikanischen Außenpolitik virulent geworden.

Die einzige Kritik, die zulässig war, musste aus den eigenen Reihen kommen. Und die sah so aus wie die von Henry Kissinger. Der warf der amerikanischen Außenpolitik allenfalls vor, dass sie krisenorientiert sei. Damit meinte er, dass erst dann Mittel und Menschen mobilisiert würden, wenn das Kind bereits in den Brunnen gefallen sei. Es gehe um Prävention, um langfristige Vorbeugung. Mithin: Einflussnahme im Sinne der USA bereits im Frühstadium. »Wir haben drei Möglichkeiten zu handeln«, so Kissinger in den 90er Jahren, als man den Popanz des Terrorismus aufbaute und die Intervention im Mittleren Osten vorbereitete:

1. Wir verlassen uns hauptsächlich auf die Diplomatie und die Bildung von Koalitionen in der Hoffnung, das Schicksal der Taliban werde jedem schon die nötige Lektion erteilen.

2. Wir verlangen harte freiwillige Schritte von Ländern, von denen wir wissen, dass Terroristen dort Trainingslager oder Hauptquartiere unterhalten (wie Somalia oder Jemen), oder dass sie – wie der Irak – die Entwicklung von Massenvernichtungsmitteln betreiben. Lehnen diese Länder das ab, müssen wir sie militärisch angreifen.

3. Wir konzentrieren uns auf den Sturz Saddam Husseins, um das regionale Kräfteverhältnis zu verändern. Das wäre eine deutliche Botschaft an andere Schurkenstaaten.

Der Antikommunist Kissinger räumte in den 70er Jahren jedoch ein, dass der Frieden durch die Existenz der beiden Lager gesichert werde. Er war der Mann für die friedfertigsten wie die »brutalmöglichsten« globalen Machtansprüche der USA.

Mit diesen beiden Elementen hatten wir es auch beim Umgang mit der BRD-Vertretung zu tun. Die Ruhe, die vorübergehend in den Aktivitäten der Geheimdienste herrschte, war nur von kurzer Dauer.

Kaum war der Nachfolger von Dr. Eichler eingeführt, trat eine Situation ein, die wir bis dahin nur von der CIA kannten: Ein DDR-Diplomat wurde mit einem hochwertigen Fernsehgerät geködert. Das nicht ganz billige Präsent war ihm nach kurzer Bekanntschaft von einem Herrn Kallenberger geschenkt worden. Vielleicht wollte man seine Empfänglichkeiten testen, ihn erpressbar machen oder nur verfolgen, wem er es erzählte und dadurch eventuell die Residentur dekonspirieren.

Wir wollten den Dingen ihren Lauf lassen und weiter beobachten. Doch das Leben vereitelte unseren wie auch den möglichen Plan der Gegenseite: Der DDR-Diplomat ging nach Hause, weil ihm die Gesundheit seiner Frau wichtiger war.

In den USA war es üblich, dass selbst hochrangige Diplomaten aus den Ausbildungszentren der CIA kamen. Viele von ihnen verwiesen darauf mit Stolz in ihren offiziellen Biographien. Die Informations- und Auswertungsabteilung der CIA absolviert zu haben galt als eine Art Gütezeichen. Aus Sicherheitsgründen hielten sie trotzdem ihre legal abgedeckten Residenturen geheim. Man konnte ja nie wissen, welche Konsequenzen sich künftig daraus ergaben. In diesem Punkte dachten die Amerikaner wie wir. Auch eine befristete Tätigkeit bei einem Geheimdienst, die durchaus legal und durch geltendes Recht abgesichert war, konnte im Falle eines politischen Wechsels Folgen haben.

In dieser Hinsicht waren und sind die Amerikaner wesentlich klüger als etwa die Deutschen. Der Umgang mit den ehemaligen Mitarbeitern des MfS im vereinten Deutschland war nämlich auch ein fatales Signal für die Mitarbeiter des Verfassungsschutzes, des BND unddes MAD. Diese müssen damit rechnen, im Falle eines politischen Gezeitenwechsels auf ähnliche Weise verfolgt zu werden wie ihre früheren Kollegen aus der DDR. Das motiviert natürlich unheimlich. Selbst der härteste Betonkopf auf westlicher Seite hat nämlich inzwischen begriffen, dass keine staatliche Ordnung ewig währt. Das Ende der Geschichte ist keineswegs erreicht. Die heute existierenden Staaten und ihre Ordnung werden keineswegs dieses Jahrhundert überdauern. Was danach kommt, ist offen wie die Geschichte. Aber dass etwas Anderes, Neues kommen wird, ist sicher wie das Amen in der Kirche.

Die lästige Dauerobservation, der auch ich auf Schritt und Tritt ausgesetzt war, erfuhr eines Tages eine bizarre Steigerung. Wir waren inzwischen vom East River Tower in den New York Tower umgezogen. Das Hauspersonal dort war mindestens so freundlich und eifrig wie das andere und vermutlich mit den gleichen Aufträgen bedacht.

Wir sperrten die drei Schlösser unserer Wohnungstür auf. Uns schlug Gestank entgegen, dessen Ursache wir bald in der Toilette entdeckten. Dort hatte einer vergessen zu spülen. Da sich weder meine Frau noch ich mich einer solchen Unterlassungssünde erinnern konnte, war der Urheber der Hinterlassenschaft ziemlich klar. Hatten die unangemeldeten Besucher, vor uns vom Personal gewarnt, nur in der Eile vergessen, den Spülknopf zu drücken?

Da sich dies jedoch wiederholte, konnten wir diese Interpretation ausschließen. Und als sicher musste auch gelten, dass das Hauspersonal mitspielte. Egal, zu welcher Zeit wir daheim erschienen: Stets fanden wir das Ei, nie aber eine Henne in unser Wohnung vor.

Das alles war so eklig wie albern. Doch damit verfolgte man durchaus einen Zweck. Erstens demonstrierte unsere Aufpasser, dass wir rund um die Uhr und überall, selbst in unserer privaten Wohnung, unter vollständiger Kontrolle standen. Und zweitens zeigte man uns, dass man uns für lästige Schmeißfliegen hielt, auf die man nicht nur dem Wortsinne schiss.

Gleichwohl war alles in allem harmlos, ließen wir einmal den damit verbundenen Psychostress unberücksichtigt.

Einmal fuhren wir an den Atlantik. Es war ein angenehmer Sommertag, meine Frau und ich wollten am Jones Beach baden. Offiziell war es uns untersagt, allein dorthin zu fahren, doch wir fanden das ein wenig übertrieben. Bereits auf dem Long Island Expressway bemerkten wir unseren Schatten. Ich ließ die Scheibe herunter und winkte unseren Aufpassern freundlich zu. Sie sollten merken, dass wir sie gesehen hatten. Keine Reaktion. Sie besaßen sogar die Stirn, sich neben uns an den Strand zu packen. Gingen wir ins Wasser, konnten wir sicher sein, dass niemand unserer Sachen stahl. Insofern hatte diese Observation auch eine gute Seite.

Ein andermal wechselten wir den Strand. Wir fuhren bereits am Morgen nach Sunken Meadow und waren die ersten Badegäste. Auf den riesigen Parkplätzen stand unser Auto einsam und allein. Das war nun wieder auch nicht so gut. Wir stiegen auf eine Anhöhe, um Ausschau nach belegten Strandplätzen zu halten. Auf halber Höhe bemerkte ich, dass uns ein Mann verfolgte. Das versetzte mich in Unruhe, weil ich ihn für einen Kriminellen hielt. Auf dem Weg von New York war uns kein Auto gefolgt, also konnte es auch kein Aufpasser sein. Ich forderte meine Frau auf, ungerührt weiter zu laufen, während ich mich seitwärts in die Büsche schlug. Ich bemerkte erleichtert, dass unser Schatten ebenfalls stehenblieb. Erleichtert atmete ich auf: Also doch kein Krimineller, der uns an die Brieftasche wollte. Ich trat wieder auf den Weg und folgte meiner Frau. Amüsiert registrierte ich, wie sich der Mann ins Unterholz begab. Vermutlich glaubte er, dass ich dort einen toten Briefkasten geleert oder belegt hatte. Außer einem nassen Fleck aber fand er dort nichts.

Unsere ständige Vertretung besaß ein sehr schönes Wochenendgrundstück im eleganten Mamaroneck an der Atlantikküste. Es stand den Mitarbeitern und ihren Familien zur Verfügung. Nur ab und an war es fürs Fußvolk tabu: wenn Botschafter Peter Florin es nutzte oder Außenminister Oskar Fischer Hotelkosten sparen wollte.

Das Haus stand in der Woche im Prinzip leer. Um es dennoch unter Kontrolle zu haben, wurde ein Wochendienst eingerichtet – ein Mitarbeiter und seine Familie mussten dort Quartier machen. Als zum ersten Mal die Reihe an uns kam, waren wir darüber keineswegs erfreut.

Wir hatten zuviel zu tun, um in »Memo« die Zeit am Pool zu verplempern.

Wir verließen Manhattan über die Willy's Bridge. Diese Strecke war wenig befahren und zudem zollfrei. Die Mehrzahl der Brücken, die Manhattan mit dem Festland verbanden, kosteten eine Maut. Schon auf der Brücke bemerkte ich einen schwarzen Kombi hinter uns. Aha.

Doch auf dem Bruckner Express Way verlor ich ihn aus den Augen und glaubte bereits, mich getäuscht zu haben. Ich hatte mich jedoch nicht geirrt.

Als wir »Memo« erreichten, stand der schwarze »Station«, so nennt man einen Kombi in den USA, unmittelbar neben der Einfahrt zum Grundstück. Wir wurden also bereits erwartet. Neben dem »Station« parkte eine weitere Limousine. Die Parkplätze der Nachbarhäuser

Die »Datsche« der DDR-Vertretung in Mamaroneck

waren leer, es gab keinen Zweifel, dass der Besuch uns galt. Ich fuhr zwischen beide Wagen mit den getönten Fensterscheiben hindurch. Nichts war zu erkennen. Kein Gesicht, keine Bewegung.

Ich sagte meiner Frau, dass sie sich nicht aufregen solle. Wir würden alles so abwickeln wie gewohnt. Ich spielte bereits mit dem Gedanken, an die Scheibe zu klopfen und zu fragen, ob Hilfe gebraucht werde. Doch ich begrub sofort die Idee, als ein athletisch gebauter Mann mit dunkler Sonnenbrille aus dem Auto stieg und uns breitbeinig zu fixieren begann. Wir gingen scheinbar ungerührt ins Haus und richteten uns ein. Ich wollte erst einmal abwarten und erst dann die Polizei anrufen.

Aus dem »Station« wurde inzwischen eine Antenne ausgefahren und drei Mann aus dem anderen Autos nahmen unser Haus von allen Seiten in Augenschein. Alles war provokativ angelegt, die Funküberwachung wurde vermutlich nur gespielt. Das zog sich bis zum Dunkelwerden hin, während wir unserer Runden im Swimmingpool drehten. Dann verschwanden sie. Einfach so.

Ein andermal schickte man einen Mann mit Gipsarm auf meine Spur. Ich suchte für meine Frau ein Geburtstagsgeschenk, das unserem bescheidenen Etat angemessen war. Also schieden etwa Bloomingdale oder Sacks aus. In der 34. Straße, bei Ohrbach, gab es auch Markenartikel – allerdings ohne die berühmten Signets, deretwegen die Käufer besonders tief in die Tasche griffen. Dabei verfolgte mich ein Mann, der so tat als habe er einen gebrochenen Arm. Ich hatte keinen Zweifel, dass darin eine Kamera verborgen war, mit der er offenkundig dokumentieren wollte, wenn ich mir eine Bluse oder etwas anderes unter die Jacke stecken würde. Ich tat ihm den Gefallen nicht und zahlte ordentlich an der Kasse.

Ein anderes Mal wollte ich auf Exkursion in die Bear Mountains gehen. Ich wollte einen Ort suchen, an dem man im Bedarfsfall einen Toten Briefkasten anlegen könnte. Um meine Aufpasser zu täuschen, nahm ich den Wagen eines im Urlaub befindlichen Beamten der UNO. Der Wagen trug keine DPL-Nummer, sondern ein normales New Yorker Kennzeichen. Um dennoch sicher zu gehen, ließ ich noch in New York einen willkürlich aufgeklappten Lageplan im Auto zurück und drehte eine Runde. Bei meiner Rückkehr stellte ich fest, dass der Wagen sorgfältig geöffnet und auch wieder verschlossen worden war. Nur der markierte Lageplan zeigte, dass daran einer herumgefingert hatte. Ich strich sofort den Ausflug in die Berge.

Aus der Zentrale erging Weisung, einen TBK der illegalen Linie auf Long Island aufzusuchen und zu überprüfen, ob er den allgemeinen operativen Ansprüchen noch immer genüge. Es handelte sich also nicht um ein Probe, was auch gelegentlich vorkam, sondern um etwas Reelles.

Long Island hatte etwa die Größe des damaligen Bezirkes Cottbus, und wie sich beim Kartenstudium andeutete, befand sich der TBK nicht unbedingt in einer Gegend, die man als fein bezeichnete. Ich weihte meine Frau ein, und wir legten uns die Legende eines Wochenendausfluges zurecht, bei dem wir uns verfahren hätten.

Wir starteten sehr früh an einem schönen Sonntagvormittag. Später wegzufahren war kritisch, da die Vertretung der DDR nicht für alle Diplomaten ein Auto besaß und es üblich war, dass jeder freie Platz im Auto genutzt wurde, damit niemand in der Stadt zurückbleiben musste, wenn das schöne Wetter an den Strand von Long Island lockte.

Wir wollten nicht unhöflich erscheinen.

Zunächst ging es mehrere Stunden auf dem Long Island Express Way entlang. Auf der Höhe der Abfahrt zum sehr beliebten Moses State Park verließ ich den Express Way, um festzustellen, ob man uns folgte. Negativ. Gut. Auf Umwegen kehrte ich auf den Highway zurück. Die Gegend wurde bald immer ärmer und trüber. Die meisten Wohn- und Wochenendhäuser waren in einem erbärmlichen Zustand. Bald musste die Straße eine langgezogene Linkskurve machen, in deren Scheitelpunkt rechts ein markanter Lichtmast und genau gegenüber ein kleines Häuschen stehen sollte. Dort sollte ich, so lautete die Instruktion der Zentrale, auf den Kilometerzähler schauen.

Nach genau 1.000 Metern träfe ich auf einen schrägstehenden Grenzstein. Drei Meter hinter diesem Stein, dicht am Pfosten eines Koppelzauns, sollte sich der TBK befinden.

Ich schaute auf den Tacho und hielt genau nach einem Kilometer. Ich stieg aus, öffnete die Motorhaube und tat so, als suchte ich dort etwas. Beim kurzen Rundumblick entdeckte ich den Grenzstein. In Sichtweite standen aber auch zwei Häuser, von denen eines bewohnt schien. Es bestand also die Möglichkeit, dass ich von dort aus gesehen würde, wenn ich nach dem TBK suchte. Wie konnte man hier nur einen Toten Briefkasten anlegen? Ich knallte wütend die Motorhaube zu, stieg wieder ein und fuhr nach New York zurück, nicht ohne vorher noch einen größere Schleife gezogen zu haben. Man konnte ja nie wissen, ob wir nicht noch in einem Visier waren. Der Zentrale in Berlin ließ ich wissen, dass ich den TBK für denkbar ungeeignet und damit nutzlos hielt.

Zu jenem Zeitpunkt konnte ich nicht ahnen, dass dieser »Ausflug« im Kontext mit einigen Vorgängen stand, an deren Ende ich und drei OibE, die in den USA lebten, in die DDR zurückkehren mussten. Ein Mitarbeiter der USA-Abteilung in der Zentrale war unter dem Decknamen »Brest« in der Bundesrepublik legalisiert worden. Von dort ging er planmäßig in die USA, heiratete, bekam einen Job bei einer Handelsfirma in New York, die ein Büro im World Trade Center unterhielt. »Brest« sollte die illegale Linie ausbauen, wozu eben auch dieser von ihm in der Nähe seines Wochenendhauses angelegte TBK zählte. Da »Brest« quasi am Anfang stand, wurde ich mit einbezogen. Allerdings, so spürte ich bald, schien die Zentrale ihm nicht zu trauen. So wurde ich eines Tages aufgefordert, den New Yorker Wetterbericht von einem Wochenende des Vormonats zu übermitteln. Wie ich später hörte, war »Brest« an eben jenem Termin einem Treff in Europa ferngeblieben und hatte seine Abwesenheit damit begründet, dass wegen des schlechten Wetters sein Flug gestrichen worden war.

Ich meldete der Zentrale das tatsächlich miserable Wetter ohne zu wissen, dass ich damit »Brest« ein Alibi verschaffte. Dieser erhielt einen neuen Treffermin genannt. Bei seiner Landung in Bremen wurde er jedoch verhaftet und, wie sich erwies, auch vom FBI vernommen. Die Zentrale hatte davon Kenntnis, allerdings keine Ahnung, ob und falls ja, in welchem Umfang »Brest« sein Wissen offenbart hatte. Es deutete einiges darauf hin, dass er zum Verräter geworden war, was schließlich zu unserem Rückzug führte.

Der Vorgang offenbarte im übrigen einige handwerkliche Fehler.

»Brest« war 1967 aus Suhl nach Berlin in die USA-Abteilung geholt worden. Er galt als Übersiedlungskandidat. So lernte ich ihn auch kennen. Eines Tages war er weg. Keiner fragte, aber jeder ahnte, wo er sein könnte. Der Fehler: einen Übersiedlungskandidaten lässt man nicht in der Zentrale Staub wischen. Das Risiko der Ab- und Überwerbung, dem solche Mitarbeiter im Operationsgebiet ausgesetzt waren, war unvergleichlich höher als in der DDR. Also sollte man ihn nicht mit zusätzlichem Wissen ausstatten, das er unter Umständen preisgeben konnte. Und genau so war es gekommen.

Eines Tages klingelte es an der DDR-Botschaft in Washington. Ein Amerikaner stand vor der Tür, der sich als Mr. Tanner vorstellte. Er betreibe eine Firma, die sich mit Sonartechnik befasse. Allerdings stünde die kurz vor der Pleite. Wenn er nicht frisches Geld auftriebe, dann müsse er schließen. Banken verweigerten frische Kredite. Daher böte er Informationen zum Kauf an.

Unser HSB, der dieses Gespräch führte, bat Tanner, am folgenden Tage erneut vorzusprechen. Der zuständige Mann sei derzeit nicht in der Vertretung. Er selber vermag nicht zu beurteilen, ob die DDR an diesem Thema interessiert wäre.

Tanner verschwand.

Sofort begann die Diskussion in der Berliner Zentrale. Die angebotenen militärtechnischen Informationen waren vor allem für Unterwasserschiffe relevant – die NVA besaß bekanntlich keine U-Boote. Im Unterschied zur sowjetischen Marine. Insofern, so hieß es, könnte man die erlangten Nachrichten an die sowjetischen Adresse weiterleiten bzw. deren Wünsche als die eigenen an Tanner übermitteln. Man sollte auf sein Angebot eingehen.

Es gab aber auch Stimmen, die jegliches Geschäft mit Tanner ablehnten.

Natürlich gab es immer wieder sogenannte Selbststeller, die sich etwa aus idealistischen Motiven, Geldnot oder anderen menschlichen Gründen anboten. Mitunter aber handelte es sich um Personen, die dies im Auftrag eines anderen Dienstes taten. Tanner könnte also durchaus mit der Perspektive eines Doppelagenten zu uns geschickt worden sein.

Nun gut, hielten einige dagegen, es wäre nicht der erste Doppelagent, mit dem wir zusammenarbeiten würden. Why not?

Da meldeten sich die Bedenkenträger zu Wort. Sie machten deutlich, wie wichtig die DDR die Beziehungen zu den USA nahm und diese deshalb in keiner Weise gefährden wollte. Wenn publik würde, dass die HV A eine illegale Linie in den Vereinigten Staaten unterhalte, könnte das zu diplomatischen Verwicklungen führen, die man in Berlin auf keinen Fall wolle. Also: Finger weg! Das könnte auch eine Provokation sein.

Wie immer fand sich ein Salomo in der Runde, der vorschlug, man könne den Selbstanbieter ja in die DDR-Botschaft nach Mexiko umleiten. Die Vertretung in den USA befasse sich mit solchen Dingen nicht, solle man ihm erklären. Damit, so schob der Genosse listig nach, könne man auch feststellen, ob Tanner so harmlos sei, wie er vorgab, oder von den Amis geschickt worden war. Ein unbedarfter Unternehmer würde es sich dreimal überlegen, ob er sich dieser Tortur unterziehe und es nicht vorzöge, zu einer anderen Vertretung des Ostblocks zu gehen. Das wäre weniger anstrengend und zudem kostengünstiger. Tanner aber ließ sich darauf ein.

Wir wussten Bescheid. Der Doppelagent bekam den Decknamen »Fichte«.

Moskau wurde informiert. Dort zeigte man sich interessiert und sicherte Unterstützung zu.

Die Residentur in Mexiko erhielt entsprechende Instruktionen. Jetzt musste schnell dafür gesorgt werden, einen passenden DDR-IM als Instrukteur mit Kenntnissen in der Migrate-Herstellung zu finden. Die Abt. III führte einen geeigneten IM, sein Deckname lautete »Welle«. Es war ein Wissenschaftler, den ich in seiner eleganten Wohnung auf dem Weißen Hirsch in Dresden besuchte. Er war einverstanden, uns zu unterstützen, legte aber Wert auf die Feststellung, dass seine wissenschaftliche Arbeit – deretwegen er sich ja mehrere Wochen in Mexiko aufhalten würde – Vorrang habe.

Ich sicherte ihm zu, dass sie nicht von dieser Tätigkeit beeinträchtigt werde – ein leichtfertiges Versprechen, wie sich erweisen sollte.

IM »Welle« reiste nach Mexiko und bildete »Fichte« an der Mikrokamera aus. Die Filme über geheime Sonartechnik, die die US Navy einsetzte, kamen in Berlin an. Von den 300 Seiten waren die spannenden 80 Seiten unleserlich, was wir »Fichtes« ungenügender Ausbildung zuschrieben. Der Rest war uninteressant. Die Informationen waren, wie es hieß, zwei Jahre alt. Moskau, an das wir alles weiterleiteten, bezeichnete jedoch das Material als »sehr wertvoll«, honorierte den Überbringer ganz ordentlich und formulierte Wünsche an »Fichte«. Daraus konnte ganz offenkundig die Gegenseite Rückschlüsse ziehen zum Stand der Sowjets auf diesem Felde der militärtechnischen Forschung.

In der Folgezeit häuften sich die Angebote von Selbststellern in Washington, was dazu führte, dass die USA-Abteilung der HV A neben Mexiko nun auch noch in Kanada und Kolumbien geheime Linien aufzumachen hatte. Uns verwunderte, dass die amerikanischen Dienste derart aktiv wurden: Das war aus ihrer Sicht wirklich Peanuts, und zum Schutz ihres Doppelagenten Tanner wird es wohl kaum erfolgt sein. »Fichte« war nie gefährdet.

Im Gegenteil. »Fichte« sollte bei uns sogar in die illegale Linie eingebaut werden und Aufgabe des Überläufers »Brest« übernehmen. Dazu führte ich 1985 mit ihm ein Gespräch – in Berlin. Wir hatten etliche konspirative Verrenkungen unternommen, was, wie sich später herausstellte, völlig unnötig war. Die CIA hatte »Fichte« sicher in die DDR-Hauptstadt gebracht.

Wir trafen uns in einer konspirativen Wohnung. Ich stellte mich als Offizier des MfS vor und eröffnete ihm, dass wir die Absicht haben, ihn fest einzubinden. »Fichte« wirkte ein wenig abgespannt, was ich der weiten Reise anlastete. Er schien ein wenig unterkühlt und distanziert, was aber auch nicht überraschte: Wir sahen uns schließlich zum ersten Male, und er war in einem fremden Land. Er ging allerdings ohne Zögern auf meine Offerte ein.

Ich reichte ihm eine Zigarette. Wir hüllten uns gemeinsam in Rauch. Beiläufig begann ich biographische Daten abzufragen, die ich mir zuvor besorgt hatte. »Fichte« gab sich selbstbewusst und sicher, es gab keinen Wackler. Für mich stand fest, dass der Mann okay war. Das – so sollte sich bald erweisen – war ein fundamentaler Irrtum.

Psychologisch und fachlich war »Fichte« einfach Spitze, die CIA hatte uns einen guten Mann geschickt, der uns voll hinters Licht führte. Seine geplante Einbindung in die illegale Linie hatte zur Folge, dass »Fichte« mit seinem künftigen Führungsoffizier bekannt gemacht werden musste. Dieser stieß bald zu uns. Ich stellte ihn vor, es wurden ein paar Dinge verabredet, dann ging der Genosse wieder.

Wir führten unseren Smalltalk fort. »Fichte« meinte, dass ich ein gutes Englisch spräche, man könnte meinen, ich lebte in den USA.

Ich lächelte freundlich-abweisend und hütete mich zu erklären, wo ich den amerikanischen Slang gelernt hatte. Unser neuer Freund musste nicht wissen, wo ich jahrelang gearbeitet hatte.

Die Katastrophe geschah, als unser IM »Welle« eigenmächtig von Mexiko in die USA reiste, um dort an einem wissenschaftlichen Kongress teilzunehmen. »Fichte« hatte ihn ganz offensichtlich geoutet – er wurde verhaftet. Minister Mielke musste ganz tief in die Staatskasse greifen, um die eine Millionen Dollar für die Kaution aufzubringen. Die Amerikaner selber boten dem DDR-Wissenschaftler ein großes Haus und eine üppige Prämie, um ihn zum Übertritt zu bewegen – zogen dann aber die Offerte zurück, als sie merkten, dass »Welle« doch nicht der hochkarätige Experte war, für den sie ihn zunächst hielten.

Die Anwälte traten auf den Plan. Silverglade (USA) und Vogel (DDR) handelten die Konditionen eines Austausches aus. Der Amerikaner reichte eine mit der BRD abgestimmte Liste von Häftlingen herüber, die man haben wollte – Honeckers Beauftragter Vogel nannte Namen von Kundschaftern aus der DDR, Polen und Bulgarien, die in den Vereinigten Staaten einsaßen. Der Austausch sollte am 12. Juni 1985 auf der Glienicker Brücke erfolgen.

Europa-Experte des US-Außenministeriums Tom Niles und DDR-Rechtsanwalt Wolfgang Vogel bei der Übergabe auf der Glienicker Brücke, 12. Juni 1985

In den mehr als 300 Jahren ihrer Geschichte schaffte es die Havelbrücke zwischen Potsdam und Berlin nur an wenigen Tagen, die Aufmerksamkeit der Welt auf sich zu lenken. Aufgrund ihrer abgeschiedenen Lage wurde der Grenzübergang 1962, 1985 und 1986 für Austauschaktionen genutzt.

Als erster Spion überquerte am Samstag, dem 10. Februar 1962, um 8.44 Uhr, der US-Amerikaner Francis Gary Powers die weiße Markierungslinie auf der Brücke, die die beiden Machtblöcke an dieser Stelle optisch und formal voneinander trennte.

Der Hauptmann der amerikanischen Luftwaffe war knapp zwei Jahre zuvor, am 1. Mai 1960, mit seinem Spionageflugzeug vom Typ U2 über der Sowjetunion abgeschossen worden. Powers landete erst mit dem Fallschirm und dann im Gefängnis. Im Oktober 1960 verurteilte ihn der Militärsenat des Obersten Gerichts zu zehn Jahren Haft. Für Powers kam die Freilassung zwei Jahre später offenbar überraschend. Noch wenige Tage zuvor hatte er seiner Frau geschrieben, dass er die volle Haftzeit werde absitzen müssen. Am Donnerstag, dem 8. Februar 1962, wurde er jedoch plötzlich vom Gefängnis in Wladimir, 150 Kilometer östlich von Moskau, nach Berlin verbracht, um gegen Oberst Rudolf Iwanowitsch Abel ausgetauscht zu werden. Abel war 1948 illegal aus Kanada in die USA eingewandert und hatte im New Yorker Stadtteil Brooklyn ein Porträtmaler- und Fotostudio eröffnet. Neun Jahre lang knüpfte er von dort aus hauptverantwortlich das sowjetische Kundschafternetz in den USA. Von einem Überläufer wurde er 1957 verraten und von einem New Yorker Gericht zu 30 Jahren Zuchthaus verurteilt. Viereinhalb Jahre seiner Haft saß er im Zuchthaus von Atlanta (Georgia) ab.

Nachdem Powers die Brücke in Richtung Westberlin überquert hatte, musste Abel noch einen Augenblick warten. Um 8.50 Uhr war es dann soweit.

Es dauerte 23 Jahre, bis die Brücke erneut im Mittelpunkt eines Agentenaustauschs stand. Am 12. Juni 1985, 12 Uhr, wechselten 27 Agenten die Seiten. Aus Richtung

IM »Welle« (links) nach erfolgtem Austausch auf der Glienicker Brücke. In der Mitte Horst Joachimi

Potsdam überquerten 23 bis dahin in der DDR und Polen inhaftierte Mitarbeiter des amerikanischen Geheimdienstes die Glienicker Brücke – in umgekehrter Richtung ließen die USA vier wegen Spionagetätigkeit angeklagte oder bereits verurteilte Personen östlicher Geheimdienste ziehen, darunter den von mir geführten IM »Welle«.

Über die West-Agenten wurden keine Angaben gemacht. Ihre hohe Zahl lässt darauf schließen, dass es sich auch bei ihnen nicht um »dicke Fische« gehandelt haben kann. Trotzdem erfolgte »Großer Bahnhof«. (Einer jener Ausgetauschten, der Österreicher Hannes Sieberer, berichtete darüber in seinem Buch »Verheizt und vergessen«, das 2005 in der edition ost erschien.)

Botschafter Richard Burt sollte am 17. Juni 1985 in Bonn sein Amt antreten, der Austausch fünf Tage zuvor brachte ihm Publicity. Er übernahm die Aufgabe gern und wurde assistiert von John Kornblum und dem Deutschlandexperten Niles, die sich auch auf der Glienicker Brücke zeigten.

Burt kannte ich bereits aus den USA, wo wir operatives Interesse an ihm hatten. Der Umstand, dass er mit einer Ungarin verheiratet war, ließ uns das Unternehmen abbrechen. Kornblum war ein fanatischer Antikommunist und blieb daher vorerst im Skat.

Acht Monate nach der zweiten Austauschaktion wurde der sowjetische Dissident Anatoli Scharanski über die Brücke gelassen. Der jüdische Physiker und Bürgerrechtler vom Jahrgang 1948 war als 30-jähriger zu dreizehn Jahren Haft wegen Spionage verurteilt worden. Er bestritt das und behauptete, lediglich Kontakt zu amerikanischen Diplomaten und Journalisten unterhalten zu haben, um den unterdrückten Juden in der Sowjetunion zu mehr Öffentlichkeit zu verhelfen.

Dass er im Westen so bekannt wurde, verdankte er seiner Frau, die vor seiner Verhaftung nach Israel hatte ausreisen dürfen. Sie informierte regelmäßig die Presse über die Leiden ihres Mannes im sowjetischen Arbeitslager. Scharanski wechselte am 11. Februar 1986 von Potsdam nach Westberlin, Es war ein sehr kalter Wintermorgen mit Temperaturen um den Gefrierpunkt und Schneeregen, die Straßen voller Schneematsch. Rund um die Glienicker Brücke hatten die Alliierten umfangreiche Sicherheitsmaßnahmen getroffen, um den Austausch möglichst ungestört über die politische Bühne bringen zu können. Der letzte Abschnitt der Königstraße in Wannsee vor der Brücke war gesperrt, ebenso das Schloss Glienicke und ein Teil des Volksparks Klein-Glienicke am Rande der Havel.

Hunderte von Journalisten harrten der Spione, die da aus der Kälte kommen sollten. Unzählige Kameras in- und ausländischer Fernsehsender waren bereit. Schon Tage zuvor hatte man Sendestationen und Satellitenschüsseln installieren sowie Telefonanschlüsse verlegen lassen, um das Ereignis live zu übertragen. Um 10.42 Uhr ging es los.

Eine Wagenkolonne fuhr, aus Richtung Wannsee kommend, auf die Brücke. Vorneweg ein Polizeiwagen, dahinter der goldfarbene Mercedes von DDR-Rechtsanwalt Vogel und der Wagen von US-Botschafter Richard R. Burt. Dann zwei Kleinbusse mit den Agenten, die in die DDR entlassen werden sollten. Aus Richtung Osten kamen neben Scharanski drei Agenten frei.

In der Regel wurden Austauschaktionen zwischen der Bundesrepublik und der DDR am Grenzübergang Herleshausen/Wartha abgewickelt, doch die Einbeziehung Scharanskis gab diesem Fall internationales Gewicht. Die US-Seite schlug deshalb einen der US-Regierung angenehmen Übergabeort vor: die Glienicker Brücke. Da ihr östlicher Teil im Westen, genauer im amerikanischen Sektor von Berlin, lag, hatten die USA – laut Besatzungsstatut – an dieser Stelle das Sagen. Auch auf östlicher Seite hatte man offenbar durchaus Interesse an einer öffentlichkeitswirksamen Entspannungsgeste.

Um 11.31 Uhr war alles vorbei. Die zahlreichen Zivil- und Polizeifahrzeuge verließen den Schauplatz. Die von der DDR-Nachrichtenagentur *ADN* verbreitete Meldung lautete: »Austausch auf der Glienicker Brücke. Auf Grund von Vereinbarungen zwischen den USA und der BRD sowie der UdSSR, der CSSR, der VRP und der DDR fand am Dienstag, dem 11. 2. 1986, ein Austausch von Personen statt, die durch die jeweiligen Länder inhaftiert worden waren. Darunter befanden sich mehrere Kundschafter.«

Zehn Jahre später wurde Anatoli S. in Israel als Nathan Scharansky Minister für Industrie und Handel.

Ein anderer Selbststeller in jener Zeit war Jeffrey Martin Carney, ein junger US-Sergeant, der seit 1983 in Westberlin diente. Er erhielt bei uns den Decknamen »Kid«, weil er erst 19 war. Die Verbindung zu ihm lief über das Referat 1 unserer Abteilung.

Als Angehöriger der 6912th Electronic Security Group in Marienfelde beschaffte der Feldwebel aus Cincinatti (Ohio) über 100 wichtige Unterlagen, darunter Dossiers über die elektronische Kampfführung, etwa das sehr geheime Dokument *Canopy Wing*. Es deckte auf 47 Seiten Schwachstellen der Hochfrequenz-Kommunikation des sowjetischen Generalstabs auf. »Kid« lieferte den US-Plan, falsche Befehle in den Funkverkehr von Piloten des Warschauer Paktes und der Bodenleitstelle Eberswalde einzuspeisen – eine Datenbank mit Stimmenprofilen existierte bei den Amerikanern schon.

Die Zusammenarbeit mit »Kid« wurde nach seiner Versetzung 1985 nach Texas fortgesetzt. Der Berufssoldat auf der Goodfellow Air Force Base war hochintelligent, hatte ein phänomenales phonetisches Gedächtnis, war schwul und litt unter mangelnder öffentlicher Anerkennung.

Er suchte Zuwendung und Aufmerksamkeit, was ein Nachrichtendienst naturgemäß nur bedingt zu geben in der Lage war und ist. In den USA nahmen offenkundig »Kids« psychischen Probleme zu. Er fühlte sich beobachtet und verfolgt und drohte zu seinem größten Sicherheitsrisiko zu werden.

In Absprache mit ihm entschlossen wir uns, ihn aus den USA herauszuholen.

Im wesentlichen war ich für alle nachfolgenden Schritte verantwortlich.

Als Leiter der legalen Residenturen war ich auch für die in Mexiko City zuständig. Ich wies diese an, in der Botschaft »Kid« für einige Zeit unterzubringen, bis ein bestimmter DDR-Frachter das lateinamerikanische Land ansteuerte, der ihn aufnehmen sollte. Allerdings zog Carneys Ausschleusung sich in die Länge – der Frachter war bereits wieder auf hoher See, ehe »Kid« die DDR-Botschaft erreicht hatte.

Wir brachten ihn dort unter, wohl wissend, dass es geraume Zeit dauern würde, ehe wieder ein solcher Weg offenstünde. Es brachen harte Wochen für die Botschaft und auch für Carney an. Denn seine Behauptung, von der CIA gejagt zu werden, ließ sich nur schwer widerlegen.

Der Psychodruck, der auf »Kid« lastete, nahm von Tag zu Tag zu, so dass wir uns entschließen mussten, ihn im normalen Reiseverkehr in die DDR zu bringen – was problemlos gelang.

In Berlin verschafften wir ihm eine neue Identität und eine Arbeit. Am 15. August 1987 erhielt er seinen DDR-Ausweis, der auf den Namen Jens Karney lautete. Nach mehreren Zwischenstationen war er nunmehr legalisiert. Seinem neuen Lover stellte sich Jens mit den Worten vor: »Gebürtiger Dessauer, Angestellter der Technischen Post.« Ins Hausbuch der Berliner Pintschstraße 12, in der er seit dem Vorjahr wohnte, hatte er eingetragen: zugezogen aus Güstrow, Leninring 12.

Erich Mielke persönlich sorgte sich um Jeffs »arbeitsmäßige Anbindung in der DDR«. Im »Objekt Brücke« in der Köpenicker Staße 114 wertete Karney fortan von 7.30 bis 17 Uhr Bänder der »Operation Luft« aus – Funkaufklärung auf dem 2- und 4-Meter-Band. Die Tätigkeit entsprach in etwa der früheren Aufgabe bei der Air Force, nur war er jetzt bei der Sozialversicherung als Angehöriger des »Zentralamtes für Funkkontrolle« (ZfK) beschäftigt.

Bei der »Operation Luft« klärte er seine alte Truppe, die 6912th ESG, und das US-Kommandeursautotelefonnetz Alpha auf. Und er war maßgeblich an der Aufklärung der US-Vertretung in der Neustädtischen Kirchstraße beteiligt, was dort zu sehr nachhaltigem Unmut führte. Karney bekam für seine Arbeit monatlich 1.400 Mark, und einmal im Jahr gab es 1.500 DM für den Intershop.

Auch am 9. November 1989 hatte er Dienst. Als die HV A und das Ministerium sich auflösten, bekam er zum Abschied 15.000 Mark.

Karney kam als U-Bahnfahrer bei der BVB unter. Dadurch, dass er die Staatsbürgerschaft der DDR besaß, wurde er am 3. Oktober 1990 automatisch Bürger der Bundesrepublik Deutschland.

Am 20. April 1991, einem Samstag, kehrte Karney aus einem dreiwöchigen Urlaub in Frankreich, Belgien und Luxemburg in seine Altbauwohnung in Berlin-Friedrichshain zurück. Am Montag gegen 9 Uhr schlug ein Greiferkommando der Air Force-Abwehr (OSI) zu. Zwei Tätowierungen hatten ihn verraten: ein schwarzer Panther auf dem rechten und ein Adler auf dem linken Arm. Via Tempelhof und Frankfurt wurde er in die Staaten ausgeflogen.

Die Entführung war illegal und illegitim. Jens Karney war deutscher Staatsbürger – formell hätten die USA einen Auslieferungsantrag stellen müssen. Das unterblieb wie auch jede andere Abstimmung mit den deutschen Behörden. Ein notwendiger Protest der Bundesregierung gegen den Eingriff in ihre hoheitlichen Rechte unterblieb.

Jeff Carney wurde von einem Militärgericht zu 38 Jahren Haft verurteilt und zur Abbüßung der Strafe nach

Fort Leavenworth in Kansas gebracht. Er kam nach etwa fast zwölf Jahren frei und kehrte 2003 nach Deutschland zurück. Er berichtete in Fernsehsendungen und in der Presse freimütig über seine persönliche Geschichte. Das geschah im Wesentlichen sehr sachlich, seine Darstellung war frei von den sonst üblichen Attacken auf das MfS und die HV A. Das besorgten jene, die seine Geschichte ausschlachteten.

»Kid« suchte nach Anerkennung und hatte sie bei uns gefunden. Er handelte nicht aus politischen oder gar materiellen Motiven. Das jedoch schmälerte nicht seinen Einsatz für eine gerechte Sache.

Während meiner Tätigkeit in New York stattete der DDR-Schauspieler Hans-Peter Minetti unserer Vertretung einen Besuch ab. Der Sohn des bekannten Mimen Bernhard Minetti hatte in den 50er Jahren in zwei Thälmann-Filmen der DEFA eine wichtige Rolle gespielt und war daraufhin ins Zentralkomitee gekommen. Ihm sollte er bis zum geschlossenen Rücktritt am 3. Dezember 1989 angehören.

Minetti signalisierte uns, dass die Parteiführung in Berlin der Ansicht sei, Max Kurz – Mitglied des ZK der KP der USA – sei ein von der CIA eingeschleuster Agent. Die HV A bezweifelte das. Kurz war amerikanischer Kommunist und aus unserer Sicht integer. Minetti muss wohl diese Ansicht daheim kolportiert haben, denn die Zentrale ließ mich wenig später wissen, in dieser Sache bei Gus Hall einmal vorzufühlen. Doch ehe ich dazu kam, mit dem Generalsekretär der amerikanischen Partei vertraulich zu reden, hatte sich das Thema erledigt. Max Kurz verunglückte mit dem Flugzeug nahe Warschau tödlich. Ich sah keinen Grund, in dieser Angelegenheit weiter aktiv zu werden. Wir werden also wohl nie erfahren, wer sich irrte.

Auch eine andere Begegnung ließ nicht nur Rätsel zurück, sondern wärmte auch Erinnerungen auf, die ich eigentlich ganz tief versenkt hatte und den Vermerk trugen: »unauffindbar«.

Die Dame hieß Anita Malingrodt und galt in den USA als Deutschland-Expertin. Obgleich Antikommunistin suchte sie die Nähe von DDR-Bürgern, schließlich brauchte sie diese als Quelle für ihre wissenschaftliche und publizistische Tätigkeit. Sie gab sich als Lebensgefährtin von Heinz Lippmann zu erkennen, der ja einmal der Stellvertreter Honeckers in der FDJ gewesen war. Damit, so glaubte sie wohl, würde sie bei mir landen.

Ich hielt mich bedeckt und verschwieg, dass ich mit Lippmann wiederholt schon zu tun hatte.

Sechs Jahre nach der Flucht Lippmanns in den Westen, im Sommer 1959, fanden in Wien die Weltfestspiele der Jugend und Studenten statt. Lippmann war am 29. September 1953 mit 300.000 DM – die für die »Westarbeit« gedacht waren – abgehauen.

Konrad Naumann, im FDJ-Zentralrat für die Vorbereitung zuständig, rief mich zu sich. Anfang der 50er Jahre gehörten wir beide einer Delegation des FDJ-Zentralrats an, die die Sowjetunion besuchte. Naumann hatte jedoch wenig Neigung, sich den Hintern bei irgendwelchen Sitzungen wundzuscheuern und verdrückte sich mit Semitschastny, dem 1. Sekretär des ZK des Komsomol, zur Entenjagd. Erst kurz vor der Abreise kehrte er zur FDJ-Abordnung zurück. Obgleich er nicht einen Tag am Programm der Studienreise teilgenommen hatte, gab er im Zentralrat nach unserer Rückkehr einen sehr blumigen Bericht von den Eindrücken und Erfahrungen, die wir gesammelt hatten ... Unter dem Siegel der Verschwiegenheit teilte mir Naumann mit, dass ich erstens der FDJ-Abordnung angehören würde und zweitens eine wichtige Aufgabe zu erledigen habe. Er habe die Absicht, mit Heinz Lippmann zusammenzutreffen. Der berichte für die *Deutsche Welle* aus der österreichischen Hauptstadt und sei, so habe er signalisiert, zu einem Gespräch mit ihm bereit. Ich solle diese Begegnung vorbereiten. In Wien erfuhr ich, dass Lippmann in der Führungsriege des Antifestivalkomitees eingebunden war. Die Aufgabe dieser Einrichtung leitete sich schon aus dem Namen ab.

Ich kam zweimal mit Lippmann zusammen.

Ich erkannte ihn sofort, er trug wie früher eine zu groß wirkende Brille vor einem rosaroten Gesicht. Er hingegen wusste nicht, wer vor ihm stand, obwohl er einst einer meiner Vorgesetzten in Thüringen gewesen war. Als er mein Ansinnen hörte, bemerkte ich Erleichterung bei ihm. Er hatte Mühe, eine Antwort über seine dicken, sinnlichen Lippen zu bringen. Er stellte keinerlei Bedingungen für das Gespräch mit Naumann. Es kam aber nicht zustande.

Die Gründe sind mir nicht bekannt.

Die DDR feierte ihre Aufnahme in die UNO am 18. September 1973 mit der Edition einer Sonderbriefmarke, einem Sonderstempel und einem Ersttagsbrief (First Day Cover). Für Horst Joachimi war 1981 bei der UNO Schluss – er musste aus Sicherheitsgründen seine Koffer packen und in die Heimat zurückkehren

Hingegen wurde Hans Modrow, der zur Leitung der FDJ-Abordnung gehörte, von Lippmann kontaktiert. Modrow lehnte das Gespräch mit dem Hinweis auf die üble Rolle ab, die Lippmann im Prozess gegen Jupp Angenfort gespielt hatte, und weil er grundsätzlich nicht mit Verrätern rede.

Eine Gruppe junger Österreicher, die gegen Lippmanns Aufenthalt in der Alpenrepublik ausdauernd protestierte, obsiegten am Ende und trieben den Renegaten außer Landes.

Für den HV A-Chef Markus Wolf waren die nachrichtendienstlichen Ambitionen in bezug auf die USA offensichtlich von zweitrangiger Bedeutung. Es gab andere Regionen in der Welt, denen er größere Aufmerksamkeit schenkte. Umso mehr überraschte uns, als er eines Tages zu uns kam und um Hilfe bat. Allerdings war sein Anliegen privater Natur. Er bereitete seinen Erinnerungsband »Die Troika« vor. Darin wollte er auch jenen Spuren nachgehen, die einer seiner Freunde in den USA gezogen hatte. Dabei brauchte er die Unterstützung unsere Abteilung. Wir gaben sie gern.

Die Vereinigten Staaten offenbarten ein pulsierendes Leben. Es gab unendlich viel, was für einen Nachrichtendienst wie dem unseren von Interesse war. Nach dem Selbstverständnis unserer Partei war die SED nicht nur die Vorhut der revolutionären Arbeiterklasse, sondern auch das revolutionäre Zentrum der Gesellschaft. Uns trieb die »historische Mission der Arbeiterklasse« voran, die Welt von Ausbeutung und Unterdrückung zu befreien. Einige Parteiführer scheuten sich nicht zu erklären, eines Tages würde auch auf dem Capitol die rote Fahne wehen.

Zugegeben, angesichts des Zusammenbruchs der realsozialistischen Staaten zu Beginn der 90er Jahre, wirkt heute ein solches Postulat reichlich absurd. Es war auch damals gewiss lächerlich, weil die meisten Kommunisten von der Vorstellung ausgingen, der Aufbau des Sozialismus könne binnen einer Generation erledigt sein. In Moskau schwadronierte die Propaganda bereits vom Aufbau des Kommunismus, obwohl man immer weniger in der Lage war, die materiellen Grundbedürfnisse der Bevölkerung zu befriedigen. Kurzum, alles war reichlich unrealistisch und ahistorisch. Gleichwohl ist die Vision keineswegs aberwitzig: Inzwischen wissen wir, wie recht Rosa Luxemburg mit ihrer Alternative hatte: Sozialismus oder Barbarei.

Vor allem die akademische Jugend und die akademischen Intelligenz in den USA begriffen, dass etwas faul im Staate Dänemark und an ihrem System war. Sie begriffen, dass ihr so mächtiges Land außerstande war, die eigenen sozialen Probleme, geschweige denn die der ganzen Welt zu lösen – obwohl sich die Supermacht so gerierte. Am amerikanischen Wesen sollte die Welt genesen. Und fortgesetzt scheiterte man beim Durchsetzen dieses Sendungsbewusstseins: ob nun in Vietnam oder in anderen Teilen der Welt.

Wir aber mussten erkennen, dass es eine Illusion war anzunehmen, dass der sich entwickelnde sicherheitspolitische Konsens in der amerikanischen Friedensbewegung den Antikommunismus soweit zurückdrängen würde, dass wir Bundesgenossen in einem systemübergreifenden Friedenskampf werden könnten. Die Friedensbewegung in den USA richtete sich gegen den Vietnamkrieg und die Aufrüstung. Sie blieb national in jeder Hinsicht. Ihr Patriotismus war so stark wie die Furcht vor den »Commies«. Zugegeben, die Politik der realsozialistischen Staaten war mitunter wenig verständlich. Der latente Antikommunismus wurde durch Nachrichten von und über die »Reds« eher bestätigt und bestärkt als abgebaut. Das machte es schwer, in den USA für die Friedenspolitik der Kommunisten zu werben.

Auf der anderen Seite: Da wir uns für die moralisch Besseren und Überlegeneren hielten – die Sieger der

Geschichte – , reklamierten wir in jedem Bündnis automatisch die Führerschaft. In diesem Punkt unterschieden wir uns nicht von der anderen Seite. Das war ja auch der Grund, weshalb sich in den 50er und 60er Jahren die Nichtpaktgebundenen formierten. Jenseits von NATO, SEATO und Warschauer Pakt schlossen sich Staaten zumeist der sogenannten Dritten Welt zu einer eigenständigen Kraft der Weltpolitik zusammen. Aber letztlich scheiterten sie an den Realitäten: an der der Blöcke und den eigenen inneren Auseinandersetzung, auch wenn 1989 sich 102 Staaten und Befreiungsbewegungen dazu zählten, mithin etwa zwei Drittel der UN-Mitgliedsstaaten.

Letztlich wurde die amerikanische Friedensbewegung plattgewalzt mit der unter der Reagan-Administration zu Beginn der 80er Jahre forcierten nationalistischen Propaganda, die USA müssten sich gegen einen hochgerüsteten Feind (»das Reich des Bösen«) zur Wehr setzen. Und nach dem alten Churchill-Prinzip (»Wright or wrong – it's my country!«) wurde ein flächendeckender Pseudopatriotismus erzeugt, der jeglichen inneren Widerstand als landesverräterisch denunzierte.

Eine Methode übrigens, die wiederholt in den Staaten praktiziert wurde. Zuletzt nach dem 11. September 2001, als die beiden Türme des World Trade Center zerstört wurden. Diese Aktion diente zur Begründung eines Kampfes gegen den internationalen Terrorismus. Und mit diesem wurde die militärische Intervention der USA in Afghanistan und im Irak legitimiert, wodurch der nicht ganz unbegründete Eindruck entstand, dass Washington mindestens ein ursächliches Interesse an dem New Yorker Anschlag gehabt hatte.

Und es regten sich weltweit Stimmen, die sogar eine Beteiligung der CIA oder anderer amerikanischer Institutionen ausgemacht haben wollten. Denn Zweifel an der offiziellen Darstellung, dass aus irgendwelchen Zelten hinten in Afghanistan eine derart komplexe logistische Operation hätte gesteuert sein können, schienen nicht von der Hand zu weisen zu sein.

Ein Ruck ging Anfang der 80er Jahre durch das Establishment, und die Nation folgte kritiklos. Finanzielle Ressourcen, die eigentlich zur Behebung der sozialen Misere dringend benötigt wurden, flossen der amerikanischen Sicherheitspolitik zu. Und niemand sagte etwas dagegen.

Dieser Paradigmenwechsel in der Politik der USA hatte auch für uns in der HV A Konsequenzen. Aus der klassischen Aufklärung wurde nun eine zielgerichtete Erkundung des reaktionären amerikanischen Konservatismus. Allerdings hatte sich meine Arbeit vor Ort erledigt, als offenbar wurde, dass »Brest« uns verraten und Stiller übergelaufen war. Meine Frau und ich mussten 1981 die Koffer packen.

Unsere Abreise wurde noch einmal zu einer Versammlung der CIA- und FBI-Agenten, die uns jahrelang »betreut« hatten. Mein Stellvertreter Heinz M. sicherte mit zwei Wagen unsere Fahrt zum Kennedy Airport, da wir uns nicht sicher waren, ob man unserem Abflug ohne Zwischenfälle zuschauen würde. So geleitete uns ein ganzer Konvoi zum internationalen Flughafen von New York. Erst als die Maschine vom Boden abhob, wussten wir, dass nun nichts mehr passieren könnte. Wir flogen der sicheren Heimat entgegen. Allerdings ahnten wir nicht, wie unsicher diese inzwischen auch zu werden drohte. Am Ende dieses Jahrzehnts sollte sie zerbrechen.

Wieder in der Heimat

Die Rückkehr in der DDR erfolgte mit zwiespältigen Gefühlen. Natürlich war es angenehm, beim Gang über die Straße oder beim Besuch eines Kaufhauses nunmehr nicht mehr observiert zu werden. Wenn es an der Wohnungstür klingelte, konnte man sicher sein, dass der Besuch harmlos war. Wir konnten wieder ruhig und unbeschwert schlafen.

Allerdings zeigte sich auch bald die Kehrseite. Die Leine, an der wir uns bewegten, war sehr kurz. In New York waren wir zwar auch an die Weisungen der Zentrale gebunden, doch die war weit weg, jenseits des Großen Teiches. Wir gestalteten unsere Arbeit selbst, uns sagte niemand, was ich fortgesetzt zu machen und zu denken hatte. Hier in Berlin spürten wir jedoch in jedem Moment, dass wir ein kleines Rädchen in einem dauernd heißlaufenden Getriebe waren. Dass wir nicht die Antreiber, sondern die Getriebenen waren. Aber nicht diese erschreckende Einsicht kollidierte mit meinem Selbstbewusstsein und meiner Gesinnung. Es war die Art, wie man meinte, uns dies bewusst zu machen. Und es gab Beobachtungen, die mich nachhaltig irritierten.

Bei der ersten Beratung im Hause saß mir ein Stabsoffizier gegenüber. Vorn referierte Generalmajor Werner Prosetzky, Leiter der Abt. III der HV A, zuständig für den »Rest der Welt«. Die Abt. I, etwa 50 Mitarbeiter, hatte die Bundesregierung im Visier, die II die Parteien und Organisationen der Bundesrepublik. In der III dominierte der Nadelstreifen, die meisten Mitarbeiter – entweder am Institut für Internationale Beziehungen in Moskau oder in Potsdam-Babelsberg ausgebildet – sah sich eher als Diplomaten denn als Geheimdienstler.

Ich beobachtete, wie der Genosse mir gegenüber von einem erkennbaren Reiz gepeinigt wurde. Üblicherweise hätte man in einer solchen Situation zum Taschentuch gegriffen und sich geschneuzt. Doch er unterließ es und unternahm höchst albern den Versuch, den Reiz zu unterdrücken. Er lief dabei rot an. Ich fürchtete schon, er würde ersticken, bis er sich ermannte und unauffällig aus dem Zimmer stahl. Ich hörte, wie er draußen vor der Tür fast explodierte. Danach schlich er sich wieder herein und warf einen Blick zum Referenten, der ihn gar nicht wahrnahm. Dieser Blick war eine Mischung aus Demut, Unterwürfigkeit und Schuldeingeständnis, die mich fatal an Tschechow erinnerte. In »Der Tod eines Beamten« hatte er eben diesen Untertanengeist präzise beschrieben. Dort war ein zaristischer Beamter daran zugrunde gegangen, weil er während eines Theaterbesuches, hinter einem General sitzend, laut geniest hatte.

Ich merkte bald, dass diese Begebenheit keineswegs singulär war, sondern symptomatisch. Bei einer Feier, die Minister Mielke zu Ehren der Großen Sozialistischen Oktoberrevolution gab, ertönte mitten ins Essen und Reden sein Befehl: »Genossen Offiziere und Generale! Jetzt zeigen wir mal, was tschekistische Disziplin ist: absolute Ruhe!«

Schlagartig verstummte das Klappern der Bestecke, die mahlenden Unterkiefer blieben in ihrer Position, keiner wagte sich, das Glas abzusetzen, das er soeben noch zum Munde führen wollte … Die Sekunden der Totenstille dehnten sich unendlich, doch alles parierte auf den dämlichen Einfall eines Möchtegern-Napoleon und verharrte in der Pose. Solche Spiele trieben wir als Kinder auf dem Schulhof. Doch inzwischen waren wir alle ein wenig älter und erwachsener.

Allerorts traf ich auf Anpassung und Opportunismus und bedingungslose Unterordnung. Die überzogene Subordination war gepaart mit einem klebrigen Konformismus innerhalb des Organs. Misstrauen war an die Stelle von Vertrauen getreten, die Wahrheit wurde mit der Statistik errechnet. So begann relativ bald meine Suche nach kritischer Begegnung, die ich dann auch fand bei Gesprächen mit guten alten Freunden.

So mit Dr. Bernd Kaufmann, Leiter der Schule der HV A in Gosen, dem ich mich in seiner Zeit als stellvertretender Leiter der Abteilung Informationsauswertung anvertrauen konnte und von dem ich im starken Maße partizipierte, oder dem stellvertretenden Leiter des rückwärtigen Dienstes, Karl Stöckigt, meinem Mitarbeiter Herbert Thomas und im besondere Maße Erich Gehrke, Referatsleiter in der Abteilung II, mit dem ich bereits seit 1955 in der FDJ Stadtleitung Gera zusammenarbeitete. Sein schweres Schicksal als junger Vertriebener aus dem schlesischen Raum, seine frühe Entscheidung für den Antifaschismus, führten ihn, konsequent wie ihn das Leben geschmiedet hatte, in die Reihen der KVP zum Schutze der noch jungen DDR. Diesen Weg ging er unbeirrt bis zum Ende der DDR. Es verbindet uns bis in diese Tage eine feste Freundschaft.

Das waren solche Menschen, die die Bezeichnung »Genosse« zu recht trugen: Sie waren selbstbewusst, kritisch und hatten ihre eigene Meinung zu allem, was um sie herum geschah. Das bedeutete nicht, dass sie ihre Überzeugung geopfert hätten. Im Gegenteil. Gleich mir waren sie für einen besseren Sozialismus. Das aber setzte zwingend voraus, dass der Sozialismus, den wir hatten, erst einmal bliebe und folglich mit allen Mitteln verteidigt werden musste. Denn wenn sich dieser gewiss unreife und partiell auch deformierte Sozialismus erledigt hatte, würde es vielleicht Jahrzehnte dauern – wenn überhaupt –, ehe die Menschheit eine erneute Chance zur Gestaltung einer alternativen, antikapitalistischen, gerechten Gesellschaft erhielte. Leider war der Kontakt zu anderen, von denen ich wusste, dass sie ähnlich wie ich zur sozialistischen

Überzeugung gelangt waren, problematisch bis aussichtslos, da sie nur noch ihrer Karriere zu folgen schienen und sich nach außen aus Gründen des Selbstschutzes abschotteten.

Man duzte sich auch nicht mehr, sondern verkehrte per Sie. Die genössische Vertrauens- und Schicksalsgemeinschaft schien gleichsam aufgehoben, als säße man nicht mehr im selben Boot.

In mir wucherte allerdings der Zweifel: War es nützlich angesichts des Klassenfeindes, der seit Jahrzehnten auf unser Ende hinarbeitete, dass Maul aufzumachen und unsere offenkundigen Missstände anzuprangern? Lieferte man ihm damit nicht Munition. Seit dem Mittelalter galt: Im Angesicht des Gegners ließ man nicht die Hose herunter.

Doch ich fragte mich: Wenn dieser ständig vor unserem Schützengraben lag, kam man nicht umhin, irgendwann doch seine gesellschaftliche Notdurft zu verrichten. Die Frage war aber die nach dem geeigneten Zeitpunkt.

Die Zeit aber war offenkundig nie geeignet.

Wir fanden – da nahm ich mich nicht aus – stets Gründe, die uns zu sagen veranlassten: jetzt nicht!

Das war, wie wir heute wissen, einer unserer größten Fehler. Er wurzelte in unser Feigheit und fehlendem Selbstvertrauen. Zum fortgesetzten Training im Organ gehörte der Umgang mit dem Ernstfall. Die angenommene Manöversituation ging stets vom Eindringen eines äußeren Gegners aus. Nie zog man in Betracht, dass es auch einen Angriff von innen geben könnte. Schließlich stand es jeden Tag in der Zeitung, wie fest und unerschütterlich das feste Vertrauensverhältnis zwischen der Partei- und Staatsführung und dem Volk der DDR sei. Im übrigen: Der jämmerliche Auflösungsprozess des Organs 1989/90 mit allen daraus folgenden Implikationen offenbarte, dass man weder die eine noch die andere Variante wirklich ernsthaft in Erwägung gezogen hatte. Diese

Selbstsicherheit erwies sich schließlich als unser größter Feind.

Ich suchte das Gespräch mit Menschen, die mir viel bedeuteten, um meine Selbstzweifel zu zerstreuen. Peter Florin, den ich in New York kennen- und schätzen gelernt hatte, war inzwischen Vize-Außenminister der DDR. Er zeigte sich aufgeschlossen und – uninformiert. Mich erschreckte, wie wenig er über den inneren Zustand der Gesellschaft wusste. Und das hatte weniger mit seiner Profession zu tun; als Außenpolitiker beschäftigten ihn sehr wohl auch die inneren Belange unseres Gemeinwesens. Obgleich ZK-Mitglied wusste er wenig darüber, was die Menschen im Lande mehrheitlich bewegte.

Wusste die SED-Führung es wirklich nicht besser – oder wollte sie es nicht wissen? Ich konnte mir jedenfalls nicht vorstellen, dass alle Berichte, vor allem die internen, geschönt waren. Florin war sich dieses Informationsdefizits bewusst – und traf sich mit mir. Ungeachtet des Protokolls und im Wissen darum, dass weder ich den Segen meines Ministeriums für solche Gespräche hatte noch er den des seinigen dazu erhalten hätte.

Der mir zum guten Freund gewordene Dr. Harald Rose, einst Florins Berater in New York, war inzwischen Botschafter in Genf. Ihn hätte ich gern um Rat gebeten. Obgleich ich aufgrund meiner Tätigkeit nur einen eingeschränkten Aktionsradius besaß, sprach ich mit verschiedenen Menschen, die im weitestens Sinne zu den Funktionseliten der DDR rechneten. Ich traf auf kaum einen, der mit der Politik seiner Partei zufrieden gewesen wäre. Man konstatierte Stagnation und Reformbedarf, fortgesetzte Bevormundung und Entmündigung des Volkes wie auch der Mitglieder der eigenen Partei. Gleichwohl gab man weder das Land noch die SED für verloren. Das Neue Denken, welches mit Gorbatschows Machtantritt 1985 aufkam, weckte zunächst Hoffnungen. Ich spürte allerdings ziemlich bald, dass diese Hoffnung trügerisch war. Und zwar nicht deshalb, weil Berlin Gorbatschow nicht zu folgen bereit war, sondern weil Moskau ebenfalls unter Realitätsverlust zu leiden schien.

Ich traf mich gelegentlich mit einem der sogenannten sowjetischen Berater, der in Berlin-Karlshorst residierte. Er fand, dass die Aufkündigung der Breshnew-Doktrin durch Gorbatschow auch der DDR große Spielräume eröffnen würde. Das Ende der Gängelung durch Moskau hieße beispielsweise mehr Demokratie und individuelle Freiheit für die Bürger der sozialistischen Staaten.

Die Aufkündigung der Breshnew-Doktrin, die 1968 mit der militärischen Intervention in der Tschechoslowakei sichtbarsten Ausdruck gefunden hatte, hielt auch ich für einen wichtigen emanzipatorischen Akt. Gleichwohl hielt ich dagegen, dass es gefährlich sei, wenn dies – wie sich abzeichnete – mit der Aufkündigung aller Verantwortung der Sowjetunion für die DDR verbunden wäre. Die DDR war ein Kind des Kalten Krieges und der UdSSR. Nahezu vier Jahrzehnte waren wir in Abhängigkeit gehalten worden. Der vermeintliche Bruderbund war nur die propagandistische Verschleierung eingeschränkter Souveränität gewesen. Dadurch aber waren vor allem wirtschaftliche Verflechtungen und Abhängigkeiten entstanden, die nur in einem langwierigen Prozess aufgelöst bzw. umgestaltet werden konnten. Zu erklären: Nun seid ihr frei, freut euch gefälligst und macht das Beste für euch daraus!, wäre nicht nur verantwortungslos, sondern hätte auch wenig mit unseren gemeinsamen sozialistischen Werten und Zielen zu tun. Oder teilten wir diese nicht mehr?

Der sowjetische Genosse schwieg. Er hatte mich wohl verstanden.

Der HV A wurden nun zunehmend auch Aufgaben der Abwehr übertragen. Lieferten wir bislang mehrheitlich »Aufklärungsinformation«, wurden nun wachsend »Sicherungsinformation« verlangt, die die Führung für Abwehrmaßnahmen zu benötigen glaubte.

Es handelte sich um Auflagen der Abwehrabteilungen für das IM-Netz der HV A. Unsere inoffiziellen Mitarbeiter aber waren weder dafür geworben noch auf derartige Aufgaben eingestellt worden. Als dies offenbar wurde, verschwand der »Kampfauftrag« im Schubfach.

Stattdessen sollte nun mit den Abwehreinheiten eng kooperiert werden.

Eines Tages bat mich ein Mitarbeiter der Hauptabteilung II (Spionageabwehr), über unsere amerikanischen Verbindungen eine vermutete Zusammenarbeit des Berliner Pfarrers Rainer Eppelmann mit der CIA nachzuweisen. Die Leitung des MfS war davon überzeugt, dass Eppelmann von außen als Agent geführt wurde. Man hatte alle Mittel der Observation gegen ihn eingesetzt, aber offenkundig fehlte der letzte schlagende Beweis.

Auch wir konnten diesen nicht liefern. Eppelmann brauchte keinen CIA-Führungsoffizier. Ich hatte eine andere Gelegenheit ihn kennenzulernen.

Kurz nach der »Wende« kam ich mit ihm im Berliner Nikolaiviertel ins Gespräch. Eine beiderseits kurz auftretende Spannung löste sich durch seine Einladung, das Gespräch bei ihm zu Hause weiterzuführen. Kurzum, wir vereinbarten es in seiner Wohnung nahe dem Müggelsee. Das Interesse für mich hatte ich wohl mit meiner Vorstellung als Resident der HV A in den USA geweckt. Er war dabei ein Buch zu schreiben und brauchte »taufrische« Zeitzeugen der »anderen Seite.« Damals jedenfalls war man als Zeitzeuge noch gefragt und die darüber wachenden Gauck, Birthler und Knabe waren noch nicht in Amt und Würden. Eppelmann fragte, ob er ein Tonband laufen lassen könne. Ich bejahte – wohl wissend, dass er das sowieso tun würde. Was dann an Fragen kam, strotzte vor Niedertracht. Er wollte per se bestätigt bekommen, dass wir ein Unrechtsstaat waren. Er schien davon auszugehen, dass ich ihm die Gräuelmärchen liefere, die sie bis heute selber erfinden müssen, weil es keine gab. Das Lügen lernten sie schnell. Von der zweiten deutschen Diktatur bis zum »Unrechtsstaat«, den sie auch um den Preis der Verharmlosung des Holocaust abscheulicher darstellen als das Dritte Reich.

Mir reichte der ganze Quatsch und ich verabschiedete mich. Hätte ich damals schon gewusst, dass dieser Mann, der mitverantwortlich war für die Verhängung der Sippenhaft und Strafrente über uns, tatsächlich der Sohn eines SS-Aufsehers in einem deutschen Konzentrationslager war, wäre ich ihm mit größter Missachtung begegnet, was ich hiermit aber nachhole.

Es ergab sich um diese Zeit noch eine andere Gesprächsgelegenheit. Nur war der Mann, der sie mir bot, von »Adel« im Vergleich mit dem, der die Quelle seines Gesprächsbedürfnisses in einer Kloake des vererbten Antikommunismus hatte. Er hieß Günter Gaus. Während der Arbeit beim Deutschen Fernsehen zu der Serie »Zur Person« weilte er in Berlin, und wir trafen uns im Palasthotel, wo er gewöhnlich abstieg. Er war ein offener Mann, der die DDR aus seiner Zeit als Ständiger Vertreter der BRD gut kannte. Seine feste Bindung an die Wurzeln der Sozialdemokratie, die weit über das hinausging, was für gewöhnlich die SPD zusammenhielt, war auch der Grund, das soziale System der DDR auf seine Wurzeln hin zu verstehen. Wir trafen uns am Vestibül, gleich links neben der Rezeption, in einer nicht einsehbaren Ecke. So ein Mann kennt sich eben mit dem aus, was jeder Staat tut, wenn er neugierig ist, dachte ich bei mir. Der vom Hamburger Milieu geformte Mann wusste, dass die der DDR übergestülpten Gesslerhüte kopflos verteilt waren, aber doch das Ziel hatten, die DDR gnadenlos in der historischen Versenkung mit dem Nachruf eines »Unrechtstaates« verschwinden zu lassen. Wir vereinbarten zum nächsten »Porträt zur Person« ein weiteres Gespräch. Das erste diente nur dem Kennenlernen. Dieses Mal musste ich etwas länger warten. Unweit von mir tummelte sich eine Gruppe junger Nichtstuer. Ein fast viereckiger, untersetzter Typ, der mit seinem schwarzen, streng nach hinten gekämmten Haar wie gewachst aussah, führte das Wort. Man hantierte mit großen Bündeln von Geldscheinen. Plötzlich entdeckte ich einen mir bekannten Geheimdienstler, der mich aber nicht sah. Wie ein Blitz ging es mir durch den Kopf: Geht es hier um die letzten Abwicklungen alter Verbindungen oder um den beginnenden Verrat, der leider von manchen schon bekannt geworden war? Jetzt bedauerte ich fast, dass just in diesem Moment Günter Gaus auf mich zukam. Er bat mich in die Hotelbar. Jetzt interessierte er sich dafür, was, auf welche Weise, mit den alten DDR-Kadern geschieht. Darauf kam es mir besonders an. Es musste den Kanal zum Tageslicht geben, sonst würde man mit uns verfahren wie mit Verbrechern. Für mich flackerte ein Licht auf am Ende des Tunnels! Die Gestalten dazwischen, auch der Geheimdienstler, verloren sich im Dunkel.

1986 verließ unser Chef, Markus Wolf, das Schiff, das wir im Sinken wähnten. Wir meinten, er täte dies mit gutem Gespür für die Lage, aber mit schlechter Haltung. Gerüchte machten die Runde.

Offiziell hieß es, Minister Mielke habe zugestimmt, dass sein Stellvertreter nach dem Tod Konrad Wolfs, des Bruders von Markus Wolf, dessen literarisches Werk fortsetzen könne. Dies könne nicht gleichzeitig mit seiner anspruchsvollen Tätigkeit im MfS erfolgen. Honecker habe dieser Entscheidung zugestimmt.

Unter der Hand wurde jedoch gemunkelt, dass Mielke die Eskapaden seines Vizes nicht länger habe hinnehmen wollen. Wolf hatte sich 1986 erneut scheiden lassen und heiratete Andrea Stingl. KoKo-Chef Schalck-Golodkowski, Oberst des MfS, sagte später bei der Generalbundesanwaltschaft aus, dass er Ende 1986 den Auftrag bekam, den Wünschen des Ehepaars Wolf für die »Verbesserung der Wohnung von der Sauna bis zu den Küchenfliesen« zu entsprechen.

Die Aufbesserung des Quartiers im Berliner Nikolaiviertel, Wolfs Abschiedsgeschenk vom Dienst, habe etwa 400.000 Mark gekostet.

Andere meinten wiederum, dass Mielke Wolfs überragende Intelligenz nicht mehr habe ertragen können.

Wir glaubten damals mehrheitlich, dass an allem etwas stimmte.

Der prüde Mielke hatte eine gute Gelegenheit gewittert, sich eines Konkurrenten zu entledigen. Doch das war kein Signal nach innen. Kein Aufstand des Gewissens folgte. Nichts passierte im Dienst, als er in das kleinbürgerliche Milieu eines Privatiers zurückkehrte.

Gleichwohl blieb er unser Vorbild, ein Idol. Das zerbrach erst, als er am 4. November 1989 auf dem Alexanderplatz sich als Schriftsteller gerierte und seine Verantwortung als langjähriger Stellvertreter des Ministers für Staatssicherheit nach meinem Empfinden bagatellisierte.

Die eigene Freiheit schien ihm längst wichtiger als die gesellschaftliche.

Gabriele Gast, eine unserer Spitzenquellen im Westen, befand in ihren Erinnerungen wohl nicht unzutreffend, Wolf liebte am meisten sich selbst. Das Idol predigte öffentlich Wasser, das er selbst heimlich gern durch gute Wein – trockenen aus Deutschland und französischen Roten – ersetzte. Es fällt mir noch immer schwer zu glauben, dass Wolf beispielsweise von der Hinrichtung Teskes, eines Mitarbeiters der HV A, nichts wusste. Und wenn es so war, dann stellte sich die Frage, ob ihm das Schicksal eines Mitarbeiters egal war und warum er nicht die Frage nach seinem Verbleib stellte.

Dr. Werner Teske, Jahrgang 1942, wurde – wie etwa auch Major Gerd Trebeljahr aus Potsdam – aufgrund der offenkundig erfolgreichen Landung Stillers 1979 am anderen Ufer angeregt, diesem Beispiel zu folgen.

Er arbeitete im Sektor Wissenschaft und Technik (SWT) der HV A und begann nunmehr Dokumente aus seinem Bereich zu sammeln, um diese nach erfolgreicher Flucht an den Gegner zu verkaufen. Teske flog auf, als im Rahmen einer Finanzrevision bei ihm eine Hausdurchsuchung erfolgte. Dabei fand man neben anderem auch Unterlagen über 20 IM im Operationsgebiet.

Wäre die Flucht gelungen, hätte der Schaden für das MfS und die DDR eine noch größere Dimension gehabt als jener, den Stiller angerichtet hatte.

Teske wurde »wegen vorbereiteter und vollendeter Spionage im besonders schweren Fall« zum Tode verurteilt, das Urteil wurde am 26. Juni 1981 vollstreckt. Es war die letzte Hinrichtung in der DDR.

Ungeachtet der menschlichen Schwächen, die aber nicht unerwähnt sein dürfen, war Markus Wolf eine der überragenden Größen der untergegangenen DDR. Leider hat er es nicht vermocht die Weichen der Geschichte umzulegen. Er wandte sich beizeiten seinem privaten Glück zu. Verdient hatte er es allemal. Aber zu jener Zeit war es eine dramatische Entscheidung! Seine Präsenz fehlte und niemand konnte sie ersetzen. Seine nachrichtendienstliche Arbeit war von Würde und Mächtigkeit erfüllt und sein Verdienst, mit dem DDR-Geheimdienst zu verhindern, dass der kalte Krieg zum heißen wird, während andere Dienste auf die Entfesselung von Kriegen hinarbeiteten, wird die Geschichte überdauern.

Als er dann, an einem heiteren Abend, der ganz nach seinem Geschmack und künstlerischen Empfinden verlief, erfüllt und zufrieden mit seiner Frau Andrea in die Wohnung im Nicolaiviertel zurückkehrte, war alles wunderbar. Sie berieten über Pläne für die nächsten Jahre, denn sein Gesundheitszustand war von den besten medizinischen Werten geprägt.

Die darauffolgende Nacht starb er. Es war der 9. November. Welche Schicksalsmächte sind da am Werke, fragt man sich? Der 9. November ist ein Schicksalstag der Deutschen. 1918 zwang die revolutionäre Bewegung der Arbeiter und Soldaten den Kaiser an diesem Tag zum Rücktritt. 1938 ließ die Regierung des deutschen Kapitalismus die Synagogen in Flammen aufgehen und 1989 brach die Berliner Mauer nieder. Als hätte er es selbst inszeniert und zu seiner letzten Herausforderung gemacht.

Schade, so eine anmaßende Entscheidung hätten viele seiner, für die Sache durchs Feuer gehenden, Mitarbeiter und Kundschafter Mitte der 80er Jahre von ihm erwartet. Nicht seinen persönlichen Abgang, nein, den aber derer, die in Agonie erstarrt waren und deren Sturz fast ein Kinderspiel gewesen wäre. Mir kommen dabei Erinnerungen an jenes Jahr, wo ein bäuerlicher Chruschtschow es schaffte, mit sechs Getreuen und sechs MPis das ganze Politbüro der mächtigen KPdSU auszuheben, die Macht zu übernehmen und die Erneuerung der Partei einzuleiten. Diese Leistung blieb in der DDR aus. Wolfs Leben blieb im Sinne der Idee unvollendet. War er von ihr, der Primaballerina unserer Idee, »an allem ist zu zweifeln«, nicht mehr besessen? Hemmte ihn, was bei seiner Beisetzung durchschimmerte? Die, die ihm bedingungslos folgten, hätten zu seinem Ableben gern ein Wort über sich gehört. Freilich passte es nur schwer zusammen; der gut bürgerliche Abschied mit einem Hauch jüdischer Kultur und russischer Seele ließ nur eine passende linke Romantik zu, etwa den kleinen Trompeter. Unumstößlich war aber für alle klar, so ein Mann wie Markus Wolf war nicht zum Hass erzogen, seine Liebe zum Menschenbild war allzu groß.

Die Schindluderer der offiziellen Nachrufe in den großbürgerlichen Medien und der Politik erscheinen im Lichte seiner Größe als Schattenfiguren.

Werner Großmann, der Nachfolger von Wolf als HVA-Chef, war aus anderem Holz. Ich hatte mit ihm für kurze Zeit die Schulbank gedrückt. Er war viel einfacher, in seiner Art und wirkte weniger arrogant. Er griff geschickt das Positive von Wolf auf, insbesondere dessen freidenkerische Art. So blieben uns die Spielräume in der Diskussion innerhalb der HV A erhalten. Unsere Kritik an den moralischen Deformationen, die an miese Charaktereigenschaften eines Teils der Obrigkeit gebunden waren, nahm zu, bewirkte aber nichts, da sie im internen Zirkel blieb.

Es zeigte sich zunehmend, dass Herbert Thomas mit seiner Bemerkung damals recht hatte, die er mir unmittelbar nach meiner Rückkehr zugeraunt hatte: »Horst, die Praxis in unserem Land entspricht nicht den Grundsätzen von Marx.«

Ich hatte damals nichts dazu gesagt und war gegangen, als hätte ich den Satz nicht vernommen.

Eines Tages rief mich Oberst Jürgen Rogalla zu sich. Ich amtierte zu jenem Zeitpunkt als Referatsleiter und war für die legal abgedeckten Residenturen der Abt. XI zuständig. Rogalla leitete diese Abteilung und war für seinen etwas unorthodoxen Arbeitsstil bekannt. Das Gespräch, das er mit mir führen wollte, stand in keinem Dienst- und Arbeitsplan.

Gorbatschow war im April 1985 Generalsekretär in Moskau geworden und hatte als Prophet des Neuen Denkens für erhebliche Bewegung sowohl in der internationalen Politik wie auch innerhalb der Sowjetunion und ihrer Verbündeten gesorgt.

»Sag mal, Horst«, begann Rogalla, »was hältst du von Glasnost und Perestroika?«

Die Frage von diesem Schreibtisch aus irritierte mich. Ich blickte ihm in die Augen. Die hatten die Qualität eines Bären: Bei dem konnte man auch nicht an der Pupille die Gefühlslage ablesen. Gleichwohl schien mir, als wollte er mich weder aushorchen noch testen – Rogalla wollte wirklich ohne Hinterlist erfahren, was ich von den Veränderungen hielt. So sang ich denn ohne Arg das

Hohelied auf die Umgestaltung der Sowjetunion, weil ich damit die Hoffnung verband, dass sie auch in unserer Partei und in unserem Lande für Aufbruch und Veränderung sorgen würde. Ich bekenne mich zu meiner seinerzeitigen Naivität.

Rogalla hörte sich alles an, verzog keine Miene und ersparte sich jeglichen Kommentar. Ich vermute heute: Er wird gedacht haben »herrliche Einfalt«.

Trotzdem oder vielleicht auch deshalb wurde mir eines Tages ein berufliche Veränderung angeboten. Die Vorgesetzten offerierten mir sogar zwei Möglichkeiten, zwischen denen ich mich zu entscheiden hätte: entweder Einsatz im Ausland, vermutlich Übersee, oder Wechsel in die Wissenschaft, Thema USA. Ich freute mich und bat um Bedenkzeit, schließlich müsse ich auch meine Frau konsultieren.

Da hörte ich allen Ernstes: »Wohl neuerdings ein bisschen versnobt, was?« Offenkundig galt also die Befragung des Partners in solch einer wesentlichen Frage bereits als Snobismus.

Meine Frau und ich waren uns einig, nicht mehr hinauszugehen. Noch einmal wollten wir nicht unsere Tochter allein lassen. Nach außen galt ich unverändert als Mitarbeiter des Außenministeriums. In dieser Eigenschaft sollte ich künftig die USA-Forschung der verschiedenen DDR-Institutionen koordinieren. Einrichtungen der Akademie der Wissenschaften, das Institut für Internationale Politik und Wirtschaft (IPW) und das Institut für Internationale Beziehungen in Potsdam-Babelsberg (IIB) beschäftigten sich mit dem Gegenstand USA, was Dopplungen und Paralleluntersuchungen zur Folge hatte.

Ein kleines Land wie das unsere konnte sich solchen Luxus nicht leisten. Also mussten wir konzentrieren und bündeln.

In meiner neuen Tätigkeit lernte ich viele neue und auch bereits bekannte Persönlichkeiten wieder kennen.

Sie waren auf erfrischende Weise unideologisch, wenngleich sie nicht verkannten und dem in ihren Handeln folgten, was auch die Erkenntnis von Dr. Ekkehard Krippendorf – später ein anerkannter Friedensforscher und inzwischen Emiritus der Freien Universität Berlin – war und die er in seinem Buch »Die amerikanische Strategie« so formulierte: „Dass die politische Klasse der USA offensichtlich bereit ist, zur Erhaltung der kapitalistischen Struktur nicht nur den Preis einer notwendig werdenden Eskalation der Repression – nämlich die Transformation der Demokratie zu zahlen, sondern auch den der Totalzerstörung menschlichen Lebens.«

Wir wussten, mit wem wie es zu tun hatten und was schließlich mit Georg W. Bush seinen Höhepunkt erfuhr.

Grundsätzlich hatte sich die amerikanische Administration von der diplomatischen Vernunft und des Interessensausgleich der Diplomatie der Macht zugewandt. Leider wurde die auch von der späteren Bundeskanzlerin Merkel vertretene Position beim Irak-Krieg auch ausgedehnt auf den Iran. Sie lautet: »Diplomatie muss sich auf Macht stützen und von dieser getragen werden.«

Die USA haben längst den Zenit ihrer Freiheits- und Demokratieepoche überschritten. Der Übergang in den Zerfall des Imperiums ist von großer Gefahr gekennzeichnet. Das strategische Ziel der Endzeit besteht in der bedingungslosen Ausbeutung aller für die USA lebenswichtigen Ressourcen.

Schon zu unserer Zeit leistete die Abteilung USA am IIB Babelsberg unter Leitung von Prof. Dr. Claus Montag eine hervorragende analytische und wissenschaftlich vorrausschauende Arbeit, die zur Grundlage für das außenpolitische Vorgehen der DDR gegenüber den USA und anderen NATO-Staaten wurde. Sein Stellvertreter, Prof. Dr. Siegfried Sack, mit dem mich eine feste Freundschaft verband, war studierter Ökonom und leistete auf diesem Gebiet eine glänzende Arbeit im Rahmen des »Problemrates USA«, der die gesamte USA-Forschung der DDR koordinierte. Er verstarb viel zu früh. Die Abfolge von einer ABM zur anderen, erdrückte ihn.

Am reisefreudigsten war Prof. Dr. Karl-Heinz Röder von der AdW, der über exzellente Kontakte zu amerikanischen Wissenschaftlern verfügte. Fast schien es, als sollte ihm die Reiselust zum Verhängnis werden. Kurz vor einem Abflug in die USA stellte der Arzt bei einer Routineuntersuchung eine unerklärliche Urin-Ansammlung im Bauchraum fest. Röder sicherte zu, sich in vier Wochen wieder bei ihm zu melden, um der Sache auf dem Grund zu gehen. Die Reise aber könne er nicht verschieben.

Es sollte seine letzte sein. Ich verlor einen Freund.

Dann starb auch bald das ganze Land und wie wir bald wissen, ist am Ende des Kalten Krieges die Welt keinesfalls harmloser geworden.

Epilog

Das Land, in dem ich meine glücklichste Zeit zubrachte, ging 1990 unter. Und mit ihm die HV A, der ich fast drei Jahrzehnte angehörte.

Mit 60 ging ich keineswegs freiwillig in Rente. Doch das schien angesichts des gesellschaftlichen Desasters die einzig vernünftige Perspektive. So blieb mir das Schicksal vieler meiner Mitstreiter erspart, die dem öffentlichen Appell »Stasi in die Produktion« notgedrungen Folge leisteten. Sie wurden schon bald wieder aussortiert, denn sie waren gesellschaftlich geächtet. In der Abrechnung mit der DDR wurde dem MfS die Funktion zuteil, die Inkarnation all dessen zu sein, was die DDR an Schlechtem hervorgebracht haben sollte.

Diese kollektive Ächtung gab sich zunächst eine Hinrichtungsvorschrift (»Gesetz über die Unterlagen des Staatssicherheitsdienstes der ehemaligen Deutschen Demokratischen Republik – StUG) und dann ein Amt zu dessen Durchsetzung: eine Bundesbehörde mit Amtsvorsteher. Der hieß Joachim Gauck, weshalb man die BStU volkstümlich und einprägsam »Gauckbehörde« taufte. So nennen viele sie noch immer, obgleich doch bereits eine andere, nicht weniger inkompetente Theologin – Marianne Birthler – ihm auf dem gut dotierten Stühlchen folgte.

Die von uns hinterlassenen Akten erwiesen und erweisen sich als eine außerordentlich gut honorierte Arbeitsbeschaffungsmaßnahme. Statt dem MfS dafür dankbar zu sein, wird ihm unverändert Übles nachgerufen. Das dient der eigenen Legitimation und auch der Begründung, weshalb man in Beschäftigung mit den Akten inzwischen noch viel mehr Papier vollgeschrieben und kopiert haben dürfte, als wir es seinerzeit taten. Wenn es nicht so traurig wäre, da Menschenschicksale damit verbunden sind, könnte man sich ob des Aberwitzes vor Lachen ausschütten.

Ich mokiere mich darüber nicht, weil mir und meinesgleichen nur eine Strafrente gezahlt wird. Neid ist es nicht, was mich erfüllt, wenn ich die vielen Wichtigtuer sehe, die ihre eigene Akte zum Heiligenschein verklärten. Die Herrschenden in Deutschland sprachen sie selig, denn wie alle Regierenden folgten sie dem alten Grundsatz: Divide et impera! Teile und herrsche. So erklärten sie die einen zu Opfern und die anderen zu Tätern und spielten sie gegeneinander aus, um ungehindert auf 108.000 Quadratkilometern wieder die alten Herrschafts- und Wirtschaftsverhältnisse herzustellen und nannten die Gegend wie zum Hohn »neue Bundesländer«.

Obgleich doch wieder alles so war wie vor 1933. Der Osten Deutschland ist in der Tat mindestens eine historische Epoche zurückgeworfen worden. Daran ändern die moderne Infrastruktur, die tollen Straßen und aufgehübschten Innenstädte nichts. Man muss schon zwischen Wesen und Erscheinung unterscheiden, also hinter die schmucke Fassade schauen, um die Fäulnis dahinter zu erkennen und den Modergeruch des Verwesenden zu riechen.

Und auf fatale Weise nahm vor allem Christl noch einmal wahr, dass sie gerade ihre zweite Vertreibung aus der Heimat erlebte. Für sie war es ohnehin schwer den festen Punkt zu finden, den man Heimat nennt. Die Berg – und Talfahrt der deutschen Geschichte hatte wieder Tempo aufgenommen und die zentrifugale Wirkung des schnellen bergab drohte sie und mich aus der Bahn zu werfen. Das Münchener Abkommen von 1938, das Hitler und damit den deutschen Kapitalismus in die Lage versetzte, die Expansion gen Osten zu beginnen, leitete die längste und dramatischste Talfahrt deutscher Geschichte mit dem ersten großen Heimatverlust Christls ein. Der Sturm der Vertreibung riss allem die Wurzel aus, der Leib wurde zur Hülle und nur weil sie der Zufall in der späteren DDR landen ließ, machte sie die wunderbare Erfahrung einer neuen soziokulturellen Gemeinschaft, die Sozialismus hieß. Der Antifaschismus musste ihr nicht – wie Westhistoriker vom Schlage Baring und Knabe behaupten – verordnet werden, sondern er wurde ihr zum eigenen moralischen Bedürfnis. Dann kam mit dem Anschluss der DDR an die Bundesrepublik ihre zweite Vertreibung.

Wir zogen in die alten Bundesländer, ins ferne Münsterland nahe Quakenbrück und Mümmellage, wo sich Hase und Fuchs »Gute Nacht« sagen. »Ob wir das aushalten?«, fragte Christl besorgt. Die Straßen in Löningen trugen Namen von Orten, die seit 1945 anders hießen. Und auch die Menschen waren uns fremd. Doch im Laufe der Zeit kam man sich näher: Karle und seine Bärbel, die beide aus dem Sauerland stammten, Karl-Heinz und Sigrid aus dem Ruhrpott, Maria und Alois Knappke,

Neue Heimat, neue Bekannte: Löningen in Niedersachsen. Horst Joachimi Zweiter von links

Frauenrunde in Löningen mit Maria, Bärbel, Anni und Hedwig im Hause Joachimi

Andrea und Jürgen Rolfs, Herman und Hedwig ... usw. Und da waren Dechant Saalfeld von der katholischen Kirche und der Freidenker Helmut Wersin und mittendrin der Atheist Joachimi, der, wie Jürgen Rolfs befand, etwas »im Nacken« haben müsse, wenn er seine Heimat verlasse.

So nach und nach redeten wir uns frei. Vor allem Josef Saalfeld war ein geduldiger Zuhörer und interessierter Frager. Unsere Gespräche verliefen in angenehmer Atmosphäre, wir lernten beide voneinander, indem wir uns respektierten und annahmen. Vorurteile, die auf beiden Seiten vielleicht bestanden, blieben auf der Strecke. Köstlich war es, wenn ich die Debatten zwischen den beiden Antipoden Helmut Wersin und Josef Saalfeld moderieren musste. Aber trotz gegensätzlicher Standpunkte war man sich nicht feind.

Nur einer in unserer Straße war so, wie ich in meiner radikalsozialistischen Drangperiode war: intolerant, besserwisserisch und immer mit dem Kopf durch die Wand. Geldmillionär Jürgen T., ein Schwarzer mit brauner Wolle, brachte den Winter in Spanien zu und den Rest des Jahres mit Pöbelein gegen Ausländer und Andersdenkende. Unterm Dach seines Hauses bewahrte er die

Reichskriegsflagge für »bessere Zeiten« und in der Schweiz sein Geld auf. Aber da war nie einer, der ihm in die Parade fuhr. Diese Art von Toleranz verstand ich nicht.

Anni, unsere Nachbarin, durchaus belesen, fragte uns eines Tages allen Ernstes, ob die DDR tatsächlich Ärzte ausgebildet habe. Schließlich hätte es doch nur Volkshochschulen gegeben.

Wir zogen nach fünf Jahren weiter und landeten in Vellmar, das im Hessischen liegt. Doch auch das war nur ein Umweg nach Hause. Wir können nicht gegen unsere Herkunft an. Seit Herbst 2003 leben wir wieder in Berlin.

Dechant Saalfeld: auch für den Atheisten Joachimi ein treuer, vor allem aber interessierter Hirte

Ich habe mich in den vergangenen knapp anderthalb Jahrzehnten selten öffentlich mitgeteilt. Ich bestreite nicht, dass ich wenig Neigung verspürte, die fundamentale Niederlage, die wir erlitten und uns selbst zuzuschreiben haben, zu erklären oder gar zu verklären.

Nur einmal brach es aus mir raus, als Gauck, einer üblen Nebelkrähe gleich, nach Südafrika reiste und dort mit Vertretern des ANC konferierte. Inzwischen regierten sie am Kap und waren hoffähig. Da meinte ich daran erinnern zu müssen, dass wir – die DDR – die Freiheitsbewegung gegen die Apartheid bereits unterstützte, als die Bundesrepublik noch mit den weißen Unterdrückern paktierte.

Ich entsann mich meiner Gespräche mit Jonny Makatini, dem ANC-Vertreter bei der UNO. Ich schrieb Bischof Tutu, dem Gauck weiszumachen versucht hatte, dass die »Staatsnahen« aus der DDR »weich gelandet« seien, wie diese »Landung« ausgesehen habe, und wollte in meinem Brief in englischer Sprache auch den Begriff der »Strafrente« einführen. Doch ich merkte, dass es in jener Sprache keine adäquate Benennung gab. So verwandte ich denn »Strafrente« in seiner ursprünglichen Sprache und erhielt zur Antwort, dass man mit diesem deutschen Begriff durchaus etwas anzufangen wisse.

Mithin hatte Deutschland wieder einmal die Weltkultur mit einem international verständlichen Begriff bereichert. »Blitzkrieg« und »Berufsverbot« haben dort ja auch schon ihren Platz gefunden.

Natürlich ist es bitter, nach einem angestrengten Berufsleben von einer Summe leben zu müssen, die knapp über dem Sozialhilfesatz liegt. Doch ich will mit dieser Feststellung nicht Wasser auf die Propagandamühlen jener leiten, die der Meinung sind, dass dies für Leute unseres Schlages noch immer zu viel sei. Die politischen Verhältnisse sind nun mal so. In diesem Kontext drängen sich allerdings einige Fragen auf, die nach meiner Wahrnehmung öffentlich eingeschränkt oder nie thematisiert werden. Man wird wohl seine Gründe haben.

Erstens: Der Kalte Krieg wurde von zwei Seiten geführt, der Westen war darin so engagiert wie der Osten. Doch immerhin: Es gab Frieden, wenngleich dieser auf Bajonetten balancierte und sehr fragil war. Dass dieses Gleichgewicht des Schreckens dennoch blieb und nicht in einer Katastrophe endete, war auch Verdienst der Kundschafter und Spione beider Seiten. Indem die eine Seite immer wusste, was die andere vorhatte, entstand auf keiner das verführerische Gefühl militärischer Überlegenheit. Dadurch konnte die Verlockung eines vernichtenden Präventivschlags nie aufkommen. Jeder wusste: Schieße ich als Erster, sterbe ich als Zweiter.

Mithin: Die Dienste beider Seiten und deren Mitarbeiter können für sich zurecht reklamieren, an der Sicherung dieses Friedens beteiligt gewesen zu sein.

Das schließt die Mitarbeiter des Ministeriums für Staatssicherheit, insbesondere die der Hauptverwaltung Aufklärung, zwangsläufig mit ein.

Etwas Ehrenrühriges vermag ich an der Tatsache, den Frieden gesichert zu haben, nicht zu erkennen. Ehrenrührig ist es allenfalls, den Beteiligten und Aktivisten den Respekt zu versagen.

Zweitens: Der Umgang mit Mitarbeitern des MfS ist schoflig und unwürdig, er verstößt zudem gegen den Gleichheitsgrundsatz in einer Demokratie. Er ist aber auch selbstmörderisch. Jeder Mitarbeiter des Verfassungsschutzes, des BND und des MAD muss sich doch die Frage stellen, ob mit ihm im Falle eines Regierungswechsel nicht ebenso verfahren werden könnte wie mit den Mitarbeitern des MfS? Wir waren Staatsdiener, wie es auch die Beamten und Angestellten dieser Dienste sind. Jeder Staat und dessen Nachfolger hat darum eine Obhutspflicht gegenüber seinen Stützen. Inzwischen glaubt niemand mehr, dass Staaten und politische

Systeme ewig währen. Der Zusammenbruch des Realsozialismus hat die Relativität von »ewigen Bündnissen« nachdrücklich unter Beweis gestellt – wem das Beispiel des Tausendjährigen Reiches, das bereits nach zwölf Jahren unterging, nicht überzeugend genug war.

Diese Bundesrepublik Deutschland wird eines Tages verschwinden, sich auflösen oder zusammenbrechen, wie auch immer. Niemand weiß, was danach kommt, keiner weiß, wer danach das Sagen haben wird. Es könnte ja sein, dass vieles dann als Irrweg betrachtet wird, was hierzulande getan wurde, und das bestimmte Berufsgruppen dann ähnlich ausgegrenzt, verfolgt und geächtet werden, wie es nach 1990 in einem Teil des Landes schon einmal passierte. Und dass dann die Akten hervorgeholt werden, die ungenehmigten Lauschangriffe auf unbescholtene Bürger juristisch verfolgt und die Bespitzelung durch V-Leute, die dann ans Tagelicht geholt werden, zu ähnlichen Verwerfungen in der Gesellschaft führen werden, wie sie uns bereits hinlänglich bekannt sind. Gehörte es darum nicht zur Obhutspflicht des Staates, so ist also zu fragen, diesen verbrecherischen Unsinn, dem insbesondere die Ostdeutschen seit 1990 ausgesetzt sind, endlich zu beenden, um den heutigen Geheimdienstlern die begründete Angst vor einer Wiederholung zu nehmen? Da wäre eine Maßnahme der inneren Sicherheit und auch zur Herstellung des inneren Friedens in Deutschland.

So aber hat der heutige Staat, ohne sich dessen bewusst zu sein, die Axt an seine eigene Wurzel gelegt.

Ich weiß, dass der Geist längst aus der Flasche entwichen ist und dahin nicht wieder zurückkehren wird. Wir können allenfalls Schaden begrenzen und die übelsten Auswirkungen verarzten.

Aber geschehen sollte es.

Zunehmend beschleichen mich allerdings Zweifel, ob dies noch vermocht wird. Vielleicht ist inzwischen die gesellschaftliche Moral irreparabel angegriffen und zerstört. Wie tief man hierzulande in dieser Hinsicht bereits gesunken ist, offenbarte der Fall der Olympiabewerbung von Leipzig. Die Messestadt hatte sich gegen die nationalen Mitbewerber durchgesetzt. Erstmals wieder seit etlichen Jahren sollte sich auf der internationalen Bühne eine deutsche Stadt um die Olympischen Spiele bemühen. Dies, so könnte man meinen, wäre eine nationale Aufgabe. Alle Kraft gehörte eigentlich auf die Erreichung dieses Zieles konzentriert.

Was jedoch passierte? Der größte Pressekonzern der Republik hielt es für angezeigt, den Chef des Leipziger Vorbereitungskomitees als Stasi-Mitarbeiter weltweit zu denunzieren.

Abgesehen davon, dass dieser Mann im Rahmen seiner gesetzlich vorgeschriebenen Wehrpflicht ganze vier Monate im Wachregiment »Feliks Dzierzynski«, das dem MfS zugehörig war, Wehrdienst leistete, mithin also nicht freiwillig dort war und überhaupt nichts mit üblichen Anschuldigungen zu tun hatte, die dem MfS gemeinhin gelten. Seine öffentliche Vorführung war vor allem wenig patriotisch.

Auf gut deutsch: Der (West-)Konzern machte lieber ins eigene nationale Nest und verhinderte vermutlich dadurch den internationalen Zuschlag für Leipzig, nur um den Ostdeutschen wieder einmal zeigen zu können, wo für sie der Hammer in der Bundesrepublik hängt. Und den Westdeutschen wurde wieder einmal das vermeintliche Gefühl moralischer Überlegenheit vermittelt. Sie hatten ja, gottlob, keine »Stasi«. Die DDR aber, da sah man es erneut, war ein einziges Stasispitzelland, pfui Deibel.

Für eine solche Demonstration nimmt man offenkundig sogar eine nationale Niederlage in Kauf und verzichtet auf Olympische Spiele.

So verkommen ist man bereits.

Die Delegitimierung der DDR und ihrer Bürger kennt keine Grenzen. Die Solidarität, bislang kostbares Gut der sozialistischen Gesellschaft, zerfließt in einen sich mehrenden Egoismus. Die sogenannte friedliche Revolution brachte die Umkehrung der Eigentumsverhältnisse und zeigte ihre Fratze als Konterrevolution. Nur wenige bemerken den Dieb hinter der sozialstaatlichen Kulisse.

Uns Sozialisten wird vorgehalten, die Lehren des Lebens nicht gelernt zu haben.

Schwierig mit Vorhaltungen umzugehen, die aus der Sackgasse eines Lebens heraustönen, das sich selbst längst überlebt hat

Personenregister

1169074R0

Printed in Germany by
Amazon Distribution
GmbH, Leipzig